新时期城市管理执法人员培训教材

数字化城市管理标准解读

全国市长研修学院（住房和城乡建设部干部学院）组织编写

中国城市出版社

图书在版编目（CIP）数据

数字化城市管理标准解读/全国市长研修学院（住房和城乡建设部干部学院）组织编写. —北京：中国城市出版社，2018.10
（2021.5重印）

新时期城市管理执法人员培训教材

ISBN 978-7-5074-3149-0

Ⅰ.①数… Ⅱ.①全… Ⅲ.①数字技术-应用-城市管理-标准-中国-教材 Ⅳ.①F299.23-39

中国版本图书馆 CIP 数据核字（2018）第 203996 号

本书解读现行的数字化城市管理7项国家标准和2项建设行业标准，说明各项标准的内涵、规定的主要内容、重点条款适用性的释义，以及标准的实施要求，并在必要时给出示例，旨在帮助读者了解这些标准，从而能够精准地贯彻执行标准，最大化地发挥标准在数字化城市管理模式建设、运行和管理中的规范化作用。本书作为全国市长研修学院（住房和城乡建设部干部学院）数字城管培训教材，也可供全国城市管理有关领导、实施数字城管相关部门领导和一线工作人员、与数字城管有关的企业工程技术人员，以及大专院校相关专业师生参考。

责任编辑：李 慧 李 明

责任设计：李志立

责任校对：焦 乐

新时期城市管理执法人员培训教材

数字化城市管理标准解读

全国市长研修学院（住房和城乡建设部干部学院）组织编写

*

中国城市出版社出版、发行（北京海淀三里河路9号）

各地新华书店、建筑书店经销

北京科地亚盟排版公司制版

北京建筑工业印刷厂印刷

*

开本：787×1092毫米 1/16 印张：8¼ 字数：201千字

2019 年 1 月第一版 2021 年 5 月第二次印刷

定价：**35.00** 元

ISBN 978-7-5074-3149-0

（904112）

本书编委会

主　　　编　崔俊芝

副　主　编　郝　力　高　萍　蒋景瞳

编写组成员（按姓氏笔画排序）

马春莉　王　东　王　芳　王洪深　王海滨　皮定均

刘佳琪　李学东　杨怀亚　吴江寿　吴强华　宋　佐

宋光辉　张凤楼　陈芸华　陈建伟　周冠骅　郑开涛

胡德萍　郭　滨　崔　迪　梁柏清　童　林　曾明波

序

城市是地理空间、自然生态、人类物质文明和精神文明的统一载体，是现代人类社会政治、经济、科技与文化活动的中心，是推动人类社会进步的主结点。城市不仅居住着一半以上的人口，聚集着百分之八十以上的社会财富，而且拥有几乎百分之百的精神文明产品。城市化（或城镇化），仍然是当今社会发展的动力源，特别是对于正在迅速崛起的中国。

城市从其诞生起就伴生了城市管理，最初的城市管理是专制模式，伴随着政治、经济和社会的进步，城市管理经历了漫长的进化，演变到今天的公共治理。

由于城市居民的社会地位、文化素质、职业技能、经济收入、生活方式、宗教信仰和社会需求的巨大差异，由于经济、科技和社会进步而形成的生产方式、经营方式及政策、法规的多样性和复杂性，再加上现代信息技术的广泛应用，特别是互联网、物联网、有线与无线通信、智能终端，融入社会活动的各个角落，使得今天的每座城市都是一个复杂、开放的巨系统；在任何一座城市的任何一个角落发生的任何一个重要事件，都可能迅速传遍全球，形成推动社会进步的动力，或造成社会动荡，招致人、财、物的巨大损失。

现代化城市呼唤着现代化的城市管理，需要科学的规划、合理的决策，人性化的管理，需要将现代社会管理学，特别是城市管理学与现代系统科学、系统工程学、工程管理学相结合，综合集成现代信息技术，创建支持城市规划、建设、管理与服务的体制、机制、技术体系、运行体系，即数字化城市管理模式，以实现精准、实时、高效的社会管理，保证政治、经济、科技、文化和社会的可持续发展，不断提高市民的物质与文化生活水平，构建和谐社会。

在中国，数字化城市管理起源于21世纪初。2004年，北京市东城区区委、区政府为了彻底改变城市管理中条块分割、职能交叉、管理粗放、缺乏监督、效率低下和服务差的状况，创建了融合城市管理与服务于一体的"网格化（数字化）城市管理新模式"。"新模式"的核心内涵是：

在城市管理体制、机制、业务流程方面，建立了监督和指挥—处置既独立，又协调的"双轴心"的管理体制；创建了无缝衔接的城市管理业务流程。

在管理方法上，提出了对城市管理对象精确定位的万米单元网格法，以及相应的城市部件管理法和城市事件管理法，建成了基于GIS和万米单元网格的城市部件和事件数据库群，及数据库管理系统。

在管理手段方面，研发了实时实地采集城市管理信息的"城管通"，以及无线与有线的信息传输与集成系统；通过整合资源，建成了一个综合集成现代信息技术的、支持精确、高效、全时段、全方位城市管理的、信息资源共享的支撑平台。

在管理与服务绩效评价方面，建立了针对管理机构和管理者的、科学合理、客观公正的绩效考核与评价体系。

"新模式"实现了城市管理由粗放向集约，由滞后向实时的转变，实现了对市政、公用、园林、环卫、建筑、房产等城市基础设施，以及摆摊、烧烤、乞讨、非法小广告、占道经营等管理对象的全时段、全方位的监督和管理，并具有防范和协助处理突发事件的功能。

"数字化城市管理新模式"自诞生之日起，就展现出科学、高效和人性化的管理效能。为了有效地推广"新模式"，住房和城乡建设部及时地组织"新模式"的实践者和专家，编制并发布了数字化城市管理的标准体系，包括建设、验收和运行效果评价的标准、规范和导则等。该标准体系由9个标准组成，它们既规范了数字化城市管理建设和运行的行为，也为城市管理者创新、扩展和完善"新模式"留下了充裕的空间，每个标准都对"扩展表示"做出了规定。

住房和城乡建设部于2005年10月召开专题会议，确定了首批试行数字化城市管理的城市，由此拉开了在全国推行数字化城市管理的帷幕。十多年来，在住房和城乡建设部的大力推动和各城市的共同努力下，数字化城市管理迅速地由大中城市扩展至中小城市。通过十余年的完善和创新，使得数字城市管理的运行实效不断提升，管理内容不断丰富，功能不断扩充，影响力不断扩大；不少城市已经将"数字化城市管理"扩充至文物保护、流动人口、出租房屋、工商执法、社保医疗等社会安全管理与公共服务领域；同时，探索出许多建设和运行数字城市管理的成功经验，例如，监督重心上移，指挥与处置重心下移；政府主导下的市场化运行；城市主管领导重视数字化城市管理的建设和运行等。

值得指出，数字化城市管理在各地取得成功与当地城市领导的重视密不可分。由于数字城市管理涉及城市规划、建设、国土、房产、市政、公安、交通、园林、环保、环卫、工商、技监、药监、卫生、民政、综合执法等数十个政府部门，以及水、电、气、热、通信等众多的专业公司，在建设和运行中必然涉及机构调整、资金投入和资源整合等跨部门、跨企业的困难问题，城市主管领导的指导、协调和政策、法律的支持是"新模式"取得成功的根本保证。实施数字化城市管理的城市领导多数都本着执政为民的理念，积极开拓创新，为数字城市管理的建设和运行做出了重要贡献。总结和传播他们的经验是进一步提升数字化城市管理水平和效益的基础。

综上，数字化城市管理是时代发展的产物，它为城市管理者和全体市民共享和管理城市资源，提供了体制、机制、组织架构、技术平台和标准体系，是城市管理科学与实践的一次革命性飞跃；是城市领导者落实科学发展观，贯彻以人为本、执政为民理念，建设有中国特色的城市管理制度的基础。

2015年中央召开了城市工作会议，同年12月发布了《中共中央 国务院关于深入推进城市执法体制改革改进城市管理工作的指导意见》（中发〔2015〕37号），文件明确指出："积极推进城市管理数字化、精细化、智慧化，到2017年底，所有市、县都要整合形成数字化城市管理平台。基于城市公共信息平台，综合运用物联网、云计算、大数据等现代信息技术，整合人口、交通、能源、建设等公共设施信息和公共基础服务，拓展数字化城市管理平台功能。加快数字化城市管理向智慧化升级，实现感知、分析、服务、指挥、监察"五位一体"，……，综合利用各类监测、监控手段，强化视频监控、环境监测、交通运营、供水—供气—供电、防洪防涝、生命线保障等城市运行数据的综合采集和管理分析，形成综合性城市管理数据库，重点推进城市建筑物数据库建设。强化行政许可、行政处罚、社会诚信等城市管理全要素数据的采集与整合，提升数据标准化程度，促进多部门公共数据资源互联互通和开放共享，建立用数据说话、用数据决策、用数据管理、用数据创新的新机制"。

为了落实中央的新要求，加强数字城市管理的培训工作，全国市长研修学院（住房和城乡建设部干部学院）组织数字城市管理专家组，用半年时间编制了这套《新时期城市管理执法人员培训教材》，由四本组成，它们是：

《数字化城市管理理论、技术与实践》

《数字化城市管理标准解读》

《数字化城市管理案例汇编》

《数字化城市管理案例汇编（二）》

这套书是过去十多年我国数字化城市管理的写照，既涵盖了过去十多年数字城市管理的主要经验，也简要介绍了数字城市管理的未来——智慧化城市管理，笔者期待尽早看到年轻的同业者续写出智慧城市管理的新篇章。

这套教材能够如此快地出版，应该感谢全体撰写人员的尽心尽责，感谢全国市长研修学院（住房和城乡建设部干部学院）的同事们的尽力，还应该感谢城市管理行业的同仁无私地奉献了他们的资料。

从数字化到智慧化城市管理是一个只有起点没有终点、与时俱进的事业。伴随着现代化城市的规模扩张、功能扩充，信息技术的发展，以及城市管理者和市民对城市管理和服务需求的提升，需要城市管理者更多地发挥聪明才智，创建适应时代需求的智慧城市管理新模式。

愿此套教材能够点燃城市管理者的创新激情，续写未来城市管理的新篇章！

崔俊芝

（中国工程院院士、数字化城市管理
新模式推广领导小组专家组组长）

前　言

标准化工作在经济发展中发挥着重要作用。它是国民经济和社会发展的技术基础，是科技成果转化为生产力的桥梁，是组织现代化、集约化生产的重要条件，也是推动技术进步、产业升级、提高产品质量、工程质量和服务质量，加速向信息化社会迈进的重要技术基础。

所谓标准化，是指为在一定的范围内获得最佳秩序，对实际的或潜在的问题制定共同的和重复使用的规则的活动。所谓标准，是指为在一定的范围内获得最佳秩序，对活动或结果规定共同的和重复使用的规则、导则或特性的文件。

同样，标准化也是提高城市管理和服务水平，确保人民群众生命和财产安全的重要手段。十多年来随着数字化城市管理模式的广泛推广应用，标准化工作也在不断深化。实践证明，数字化城市管理相关标准在全国各城市的数字城管建设和运行中发挥了重要作用。

除第一章综述外，本书第二～十章分别解读现行的数字化城市管理7项国家标准和2项建设行业标准，说明各项标准的内涵、规定的主要内容、重点条款规定目的和适用性的释义，并在必要时给出示例，旨在帮助读者了解这些标准，从而能够精准地贯彻执行标准，最大化地发挥标准在数字化城市管理模式建设、运行和管理中的规范化作用。

为叙述方便，本书将"数字化城市管理信息系统"、"数字化城市管理模式"简称为"数字城管"，将解读的标准统称为"该标准"。

本书由全国市长研修学院（住房和城乡建设部干部学院）组织行业专家编写，第一章由蒋景暄撰写，第二～四章由高萍撰写，第五章由曾明波撰写，第六和十章由王洪深撰写，第七章由周冠骅撰写，第八章由郭滨撰写，第九章由陈建伟、王洪深撰写，陈芸华、马春莉、崔迪参与本书的组织工作，全书由郭滨统稿。

在本书编写过程中，得到了多地城管部门、多位专家的大力支持和帮助，在此表示感谢。由于编者水平有限，难免存在疏漏和不足，请读者提出宝贵意见。期望本书能够为各地数字城管工作提供有益的借鉴和参考。

目　　录

第一章　综　述

本章介绍数字城管标准化的发展历程、数字城管标准制定遵循的原则，逐项概述现行的数字化城市管理 7 项国家标准和两项建设行业标准的基本内容。

第一节　数字城管标准化进展

本节回顾数字城管标准从一项项制定、形成建设行业系列标准，到升为国家标准的发展历程，并简述贯彻执行数字城管标准取得的成效。

一、数字城管系列行业标准的制定

2004 年北京市东城区从更新城市管理理念入手，以应用和需求为导向，充分利用计算机、互联网、地理信息系统（GIS）、全球卫星导航系统（GNSS）和无线通信等多种现代高新技术，设计并实现了一种全新的城市管理模式——万米单元网格城市管理新模式，即数字化城市管理新模式，自 2004 年 10 月下旬完成并投入运行，取得了十分显著的效果。

新模式采用万米单元网格管理法和城市部事件管理法相结合的方式，应用、整合多项数字城市技术，研发"城管通"，创新信息实时采集传输的手段，创建城市管理监督和指挥两个轴心相分离的管理体制，再造城市管理流程，从而实现精确、敏捷、高效、全时段、全方位覆盖的城市管理。它重新确定了城市管理空间、管理对象、管理方式和管理主体，在管理思想、管理理念、管理技术和管理体制方面实现了整合和创新。

新模式受到国务院相关部委办及北京市的高度重视和关注，2005 年建设部（现住房和城乡建设部）决定在全国推广"北京市东城区万米单元网格城市管理"新模式，即数字化城市管理新模式。

为体现信息化建设标准先行的理念，规范和指导全国数字城管建设，实现资源的整合与共享，提高城市信息化水平，在开始推广前，建设部有关部门指导和组织北京市东城区，联合有关单位对万米单元网格城市管理新模式运行的效果与经验进行了总结、分析和提炼，在遵循国家相关法规、标准的基础上，用 3 个月时间编制并发布实施了 4 项数字城管行业标准，此后几年，随着数字城管的推广和新需求的不断涌现，又陆续制定了 5 项相关标准，形成了由下列 1 项建设行业工程标准和 8 项建设行业产品标准构成的城市市政综合监管信息系统（即数字化城市管理信息系统）系列行业标准。其中，CJJ/T 为工程标准，CJ/T 为产品标准：

（1）《城市市政综合监管信息系统技术规范》CJJ/T 106—2010；

（2）《城市市政综合监管信息系统　单元网格划分与编码规则》CJ/T 213—2005；

（3）《城市市政综合监管信息系统　管理部件和事件分类、编码及数据要求》CJ/T 214—2007；

（4）《城市市政综合监管信息系统　地理编码》CJ/T 215—2005；

（5）《城市市政综合监管信息系统　绩效评价》CJ/T 292—2008；

（6）《城市市政综合监管信息系统　监管数据无线采集设备》CJ/T 293—2008；

（7）《城市市政综合监管信息系统　城市管理部件事件立案、处置和结案》CJ/T 315—2009；

（8）《城市市政综合监管信息系统　管理部件和事件信息采集》CJ/T 422—2013；

（9）《城市市政综合监管信息系统　模式验收》CJ/T 423—2013。

该系列标准给出的"城市市政综合监管信息系统"定义为：基于计算机软硬件和网络环境，集成地理空间框架数据、单元网格数据、管理部件和事件数据、地理编码数据等多种数据资源，通过多部门信息共享、协同工作，实现对城市市政工程设施、市政公用设施、市容环境与环境秩序监督管理的一种综合集成化的信息系统。

该系列标准的技术要求明确、内容全面、相互协调，形成了有机整体，适用于数字城管规划、建设、验收、运行、维护、管理和评价等全过程。

二、行业标准升级为国家标准

为更好地规范数字城管的建设与运行，实现信息资源的整合与共享，推广应用数字城管，提高城市管理和公共服务的水平与效率，满足数字城管迅速发展对标准的更高要求，2013 年国家标准化管理委员会批准将数字城管"城市市政综合监管信息系统"系列行业标准升级为"数字化城市管理信息系统"国家标准。升级后的国家标准由多部分组成，统一编号为 30428，每一项数字城管行业标准对应升级为国家标准 GB/T 30428 的一个部分。目前，7 项标准已经升为国家标准，并发布实施。另两项行业标准正在升级中：

（1）《数字化城市管理信息系统　第 1 部分：单元网格》GB/T 30428.1—2013；

（2）《数字化城市管理信息系统　第 2 部分：管理部件和事件》GB/T 30428.2—2013；

（3）《数字化城市管理信息系统　第 3 部分：地理编码》GB/T 30428.3—2016；

（4）《数字化城市管理信息系统　第 4 部分：绩效评价》GB/T 30428.4—2016；

（5）《数字化城市管理信息系统　第 5 部分：监管信息采集设备》GB/T 30428.5—2017；

（6）《数字化城市管理信息系统　第 6 部分：验收》GB/T 30428.6—2017；

（7）《数字化城市管理信息系统　第 7 部分：监管信息采集》GB/T 30428.7—2017。

（8）《数字化城市管理信息系统　第 8 部分：立案、处置和结案》

数字城管国家标准将"数字化城市管理信息系统"定义为：基于计算机软硬件和网络环境，集成地理空间框架数据、单元网格数据、管理部件和事件数据、地理编码数据等多种数据资源，通过多部门信息共享、协同工作，实现对城市市政工程设施、市政公用设施、市容环境与环境秩序等进行监督和管理，对实施监督管理的专业部门进行综合绩效评价的集成化信息系统。

现行的数字城管标准共 9 项，包含国家标准 GB/T 30428 的第 1～第 7 部分、建设行业工程标准《城市市政综合监管信息系统技术规范》CJJ/T 106—2010 和建设行业产品标准《城市市政综合监管信息系统　监管案件立案、处置与结案》CJ/T 315—2009。

三、数字城管标准是集体智慧的结晶

无论先前制定的 9 项数字城管系列行业标准，还是后来升级的多部分组成的国家标准，每项标准都由若干编制单位和起草人，严格按照规定的标准制定程序，经历了立项、起草、征求意见、送审和报批等阶段，最后由主管部门批准发布实施。

各项标准的主编和参编单位组成因不同标准而有所不同，但都有北京市东城区这样的政府部门，有全国众多的城市管理监督指挥中心，有从事数字城管系统开发的科技公司，以及相关的科研生产单位参与，这是一个集政府、管理、生产和科研相结合的群体。

参加标准起草的人员则包括有关城市管理的领导、管理人员、第一线工作者、企业开发人员、科研人员等，这是一支实践经验丰富、高新技术娴熟和理论基础扎实的团队。起草组人员在详细分析各个城市管理与公共服务需求、深入调研全国许多城市数字城管建设和运行的经验教训基础上，反复讨论、协调标准文本的内容，广泛征求全国许多城市管理部门和相关专家的意见，为最终完成标准的编制工作付出了艰辛的努力。

作为标准制定的技术后盾，由多位院士、教授和高级工程师组成的专家组在每项标准的编制过程中把握发展的方向，给出了具体的指导，解决了出现的问题，保证了标准的质量。

由此可见，数字城管的每一项标准都是集体智慧的结晶。

四、数字城管标准化成效

数字城管标准在推动全国数字城管发展过程中，发挥了非常重要的指导和规范作用。解析数字城管标准构成，既有筹建阶段的建设标准，又有建成后的验收标准，还有日常实施的运行标准，在这些标准的规范指导下，保证了十多年数字城管推广工作不走样，实现了健康、可持续发展，产生了十分显著的社会、经济效益。

（一）指导数字城管高效节约建设

各相关城市在筹建数字城管伊始，就把数字城管标准作为编制可行性研究报告、设计建设实施方案的主要依据，将系统建设的全生命周期完全置于标准规范的管控之中，为实现数字城管的高效节约建设奠定了基础。

（二）作为数字城管验收依据

住房和城乡建设部验收的 45 个试点城市（区），以及自 2005 年至今全国各省级行业主管部门验收通过的 800 多个县及县以上城市（区）的数字城管，都是依据标准进行验收，数字城管标准在全国的采用率基本达到 100%。

（三）规范数字城管健康、可持续运行

实行数字城管的城市，大多都能按照数字城管相关标准组建管理模式、构筑系统平台、建设闭环业务流程和强化绩效考核评价，建立了"监督、指挥、处置、考核"四位一体的制度体系，形成了具有强大核心驱动力的城市管理长效机制，保障数字城管长治久安、健康发展。

（四）成为数字城管业务培训的主要教材

从 2005 年以来，数字城管标准文本累计印刷了近 10 万册。并且，以数字城管标准为基本教材，开办了 20 余期部级和几十期省厅级标准宣贯培训班，参加培训的达到数万人次，为全国各个城市培养了大批推进数字城管发展的骨干和中坚力量。

此外，许多省市还依据数字城管国家标准和行业标准制定了相应的地方标准，使数字城管标准更加贴合省市的实际。

数字城管标准填补了国内数字城管标准的空白，具有科学性、先进性、实用性、可操作性和可扩展性，达到了国际先进水平，荣获 2012 度"华夏建设科学技术奖"一等奖。

第二节 数字城管现行标准概述

本节介绍制定数字城管标准所遵循的原则，行业标准升为国家标准时附加的原则，逐项概述现行数字城管标准的基本内容，并展望数字城管标准化发展前景。

一、数字城管标准编制原则

无论数字城管行业标准还是国家标准的编制，均遵循了如下原则：

（一）科学性

标准提出的规定、指标、方法、流程等总结归纳了全国许多城市的经验，也是众多行业专家在丰富实践的基础上提炼和科学总结出来的，充分考虑了数字城管行业的特点和特殊性。

（二）先进性

以满足数字城管事业发展为前提，认真分析国内外相关技术的发展状况，在预期可达到的条件下，积极地将最新的、成熟实用的高新技术纳入标准，包括计算机、网络、通信、3S（即地理信息系统、遥感和全球卫星导航系统）、数据库等现代高新技术，并顾及了最新发展的物联网、移动互联网、云计算、大数据等技术在数字城管中的应用，提高技术规定的水平，使标准具有先进性和前瞻性。

（三）协调性

数字城管标准十分重视与相关的法律法规、国家标准和行业标准的协调一致性，避免与法律法规、相关标准之间出现矛盾。同时保持各项数字城管标准相互之间的衔接和协调。

（四）可操作性

在注重科学性和先进性的同时，从满足实际需要出发，积极采用成熟的高新技术，不一味地追求高性能、高指标，使各项规定能够容易地在全国各种规模的城市实施，避免造成浪费。

（五）实用性

数字城管标准中规定的技术方法、工作流程、数量指标、时限长短等均能够切实解决数字化城市管理及服务中发现的问题，做到尽可能简便实用。

（六）可扩展性

数字城管标准充分考虑了我国城市数量众多、规模差异巨大、发展水平不均、城市特色多样的实际情况，标准中涉及的管理对象分类、各种处置时限、各种应用功能等都留有充分的扩展余地。

（七）编制流程规范化

数字城管标准的编制严格遵守了国家标准《标准化工作导则 第 1 部分：标准的结构和编写》GB/T 1.1—2009 及住房和城乡建设部颁发的《工程建设标准编写规则》（建标〔2008〕182 号）的规定，标准编写工作均经历起草准备、征求意见、送审和报批 4 个阶段，确保标准编写过程和格式的规范化。

此外，在将行业标准升为国家标准时，还遵循了以下两项原则：

（一）保持主题

城市市政综合监管信息系统系列行业标准，规范和指导了全国数字城管的建设和运行，体现了城市管理新模式的"服务"和"管理"主题，数字城管国家标准的编制依然保持这一主题。

（二）平稳过渡

数字城管国家标准的制订实质是在行业标准基础上进行修订，需要进行再总结、再审视、再提高，同时顾及全国众多城市已经遵照系列行业标准建设和运行的实际情况，在对行业标准中规定的内容，诸如分类、指标、时限、流程、功能等进一步优化提升时，不做颠覆性地更改，保证了从行业标准到国家标准的平稳过渡。

二、现行数字城管标准概述

为能从总体上了解现行的 9 项数字城管标准，以下逐项概述标准规定的主要内容和适用范围。

（一）《数字化城市管理信息系统　第 1 部分：单元网格》GB/T 30428.1—2013

该标准是 GB/T 30428 的第 1 部分，是划分单元网格的依据。

该标准给出了单元网格划分时应遵循的 9 项原则，包括法定基础、属地管理、地理布局、面积适当、现状管理、方便管理、负载均衡、无缝拼接和相对稳定等。规定了单元网格标识码由 15 位数字组成，其结构如图 1-1 所示。

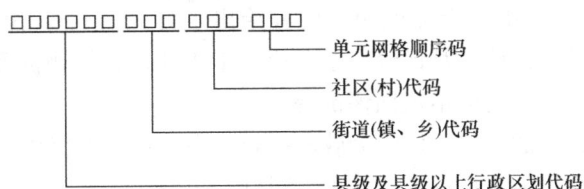

图 1-1　单元网格编码规则

这一编码规则保证了每一个单元网格在全国范围均有一个惟一的标识码。

（二）《数字化城市管理信息系统　第 2 部分：管理部件和事件》GB/T 30428.2—2013

该标准是 GB/T 30428 的第 2 部分，是数字城管具体管理对象的依据。

该标准将部件和事件均划分为大类和小类。其中：部件分为 5 个大类，事件分为 6 个大类。各个大类再细分为若干小类。

部件和事件的分类代码由 10 位数字组成，依次为：6 位县级及县级以上行政区划代码、2 位大类代码、2 位小类代码。其结构如图 1-2 所示。

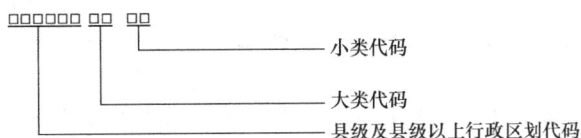

图 1-2　部件和事件分类编码规则

该标准还规定每个部件均赋予全国惟一标识码，其结构为：

部件分类代码（10 位）＋顺序代码（6 位）。

该标准允许各个城市依据实际情况，对部件和事件小类进行扩展。同时给出了扩展原则和方法。

依据中央有关文件和国务院机构职能调整方案，该标准中部件和事件的分类有待进行修订。

（三）《数字化城市管理信息系统　第3部分：地理编码》GB/T 30428.3—2016

所谓地理编码，是指建立地址或地点描述与地理坐标之间的空间对应关系，用于除地理坐标外，按照地名或地址的文字描述，实现快速空间定位。

该标准是 GB/T 30428 的第3部分，是如何进行地理编码的依据。

地理编码的核心问题是将基本地点名称类型分为区域、地片、区片、街（巷）、门（楼）牌和兴趣点等，并建立各类基本地点名称与坐标的联系。为此，规定了各类基本地点名称定位描述的分段规则和组合规则，以便将地点名称描述规范化。

由于基础地理信息框架数据中地名和地点数据相对稀少，不能满足部件、事件快速空间定位的要求，需要专门采集地点数据。为保证采集数据的质量，该标准规定了地点数据采集区域类别的划分，不同区域数据采集密度和精度要求。

（四）《数字化城市管理信息系统　第4部分：绩效评价》GB/T 30428.4—2016

该标准是 GB/T 30428 的第4部分，是如何进行绩效考核评价的依据。

该标准将绩效评价分为区域评价、部门评价和岗位评价3种对象类型，不同评价分别采用不同的评价指标，每项指标又采用不同的分值和权重。评价指标包括基本指标26项和比率指标16项，前者给出了指标说明，后者给出了计算公式。评价按一定周期进行，评价周期分为日评价、周评价、月评价、季评价、半年评价、年评价等。还可以根据需要自行确定评价周期，如旬评价或不定期评价等。

该标准强调绩效评价的实施主体应为政府授权的数字城管监督中心或其他部门，确保评价的权威性、可靠性、公正性、准确性和及时性。

同一城市采用的评价方法宜保持一致，要求将评价结果纳入政府行政效能监察考核体系，成为政府对评价对象绩效考核的组成部分，以保证数字城管系统能够长效运行。

另外，各城市根据需要，可通过专业调查机构或采用随机抽样方式对数字城管运行效果进行外部评价。

（五）《数字化城市管理信息系统　第5部分：监管信息采集设备》GB/T 30428.5—2017

该标准是 GB/T 30428 的第5部分，是如何选择（城管通）和开发应用软件的依据。

该标准从硬件角度要求采用智能手机，应运行智能终端通用的操作系统，随机存储器（RAM）不应小于1GB，只读随机存储器（ROM）不应小于8GB，显示屏尺寸不应小于10.16cm，按键寿命应符合 YD/T 1539 的规定，单块电池连续使用时间不应低于4小时，应具有全球卫星导航定位功能，宜支持北斗导航定位等。应用软件应具备采集、上报、查询、配置、安全等功能。宜具有指挥、处置、公众服务、执法、督办和评价等扩展功能。

值得指出的是，硬件要求中虽然规定宜支持北斗导航定位，但从长远安全性考虑，目前应尽可能采用北斗和 GPS 双模式导航，并最终过渡到北斗导航。

（六）《数字化城市管理信息系统　第6部分：验收》GB/T 30428.6—2017

该标准是 GB/T 30428 的第6部分，是数字城管系统如何进行验收准备和实施验收工作的依据。

该标准给出了一个新的术语"组织模式 organization mode",其定义为:根据城市管理需求建立的一种数字化城市管理监督与指挥的组织架构。并对数字城管行业标准 CJJ/T 106—2010(见第十章)的相应规定做了调整,明确各城市可选择的组织模式有如下 3 种:

(1)一级监督,一级指挥;

(2)一级监督,两级指挥;

(3)两级监督,两级指挥。

该标准明确规定了验收时必须全部满足,且一票否决的 7 项基本条件,并将验收分为预验收和正式验收两个阶段。具体规定了 5 项验收内容,即管理模式、地理空间数据、应用系统、运行效果和文档资料。

将验收指标分为一级指标和二级指标,一级指标及其权重突出了管理模式和运行效果的重要性,其权重构成见表 1-1。

一级指标权重表　　　　　　　　　　　　　　表 1-1

一级指标	权重
管理模式	35%
地理空间数据	15%
应用系统	20%
运行效果	25%
文档资料	5%

该标准的附录列出了应用系统 9 个基本子系统功能,详细的验收指标和评分表内容、系统建设和运行文档目录,并给出了验收结论示例。

(七)《数字化城市管理信息系统　第 7 部分:监管信息采集》GB/T 30428.7—2017

随着信息服务市场化的迅猛发展,原来的由政府部门安排兼职人员或自行组织信息采集队伍模式从事信息采集的弱点越来越明显,政府购买信息采集服务模式逐步成为行业主流。为规范各种模式的信息采集服务行为制定了监管信息采集标准。

该标准是 GB/T 30428 的第 7 部分,是选用什么方式、如何进行监管信息采集的依据。

该标准将信息采集队伍组织方式分为监督中心自行组建、授权某个单位和委托信息采集公司等 3 种。无论采用何种方式,监督中心均应赋予并明确信息采集责任单位的权限、责任和义务。

该标准对采集人员即监督员定额核算、巡查频度和巡查时速设定及巡查时间制定都做了可量化的规定,并强调考核合格才能上岗。还给出了巡查、信息上报、信息核实、案件核查和专项普查等 5 种工作流程,以规范信息采集业务。

该标准要求制定责任单位质量评价、监督员评价等制度,侧重对监督员的配置、到岗情况、上报信息的数量和质量等进行检查,并规定了对责任单位和监督员考核的内容和要求。

(八)《数字化城市管理信息系统　第 8 部分:立案、处置和结案》GB/T 30428.8—2020

该标准是 GB/T 30428 的第 8 部分,是监管案件分类及从立案到结案每一个阶段如何进行操作的依据。

该标准将每一阶段的工作时限,侧重每个小类案件的处置时限,按时间长短分为可选的 A、B、C 三类（即最短、适中和最长工作时限），供各城市根据实际情况进行选择。该标准强调编制以每个部件和事件小类的立案条件、处置时限、结案条件、责任主体和对应法律法规具体条款为核心内容的管理规范，保障数字城管有效运行。

该标准建议运用现代信息技术进一步提高立案、派遣、处置和核查效率。

该标准的附录规定了每个部件和事件小类的立案条件、处置时限和结案条件，作为制定管理规范的依据，并给出一个城市如何确定处置时限、责任主体和对应法律法规具体条款，以及如何扩展部件和事件类型及规定应用要求的示例。

（九）《城市市政综合监管信息系统技术规范》CJJ/T 106—2010

为促进城市管理信息化建设，提高城市管理和公共服务水平，实现资源的整合与共享，规范城市市政综合监管信息系统建设，2005 年制订了《城市市政综合监管信息系统技术规范》，2010 年进行了修订。

该标准是建设行业工程标准，给出了数字城管系统的总体设计框架，适用于城市市政综合监管信息系统，即数字化城市管理信息系统的规划、实施、运行、维护和管理。

该标准规定数字城管系统应由监管数据无线采集、监督中心受理、协同工作、监督指挥、综合评价、地理编码、应用维护、基础数据资源管理和数据交换等 9 个基本子系统构成，逐一规定了各子系统应具备的功能。

该标准首次提出了城市管理闭环业务流程。

该标准明确地理空间数据应包含地理空间框架数据、单元网格数据、部件和事件数据、地理编码数据，以及元数据等。对机房、网络、服务器、显示设备、存储及备份设备、呼叫中心、操作系统、数据库及地理信息系统平台软件等系统运行环境，以及系统维护做出了规定。

该标准中 3.1.2 的管理模式和 7.2 的系统验收规定，已经被 GB/T 30428.6—2017 所替代。

以上简单介绍了现行的 9 项数字城管国家标准和行业标准，详细内容和解读分别见本书第二～十章。

标准的生命力在于严格贯彻执行。应当正确引用现行标准文本，重视并真正理解标准的本意，注意区分应、宜、可条款。在实施中，部分标准可根据需要进行删减和扩展，如部件和事件类型、地理编码的地址和地名类型等。在数据工作中，不仅要执行上述数字城管标准，还应执行其他相关国家标准和行业标准，如信息行业标准、空间数据标准等。另外，还应注意执行相应省、市地方标准，区（县）执行的标准应与市的标准保持一致。

第三节　数字城管标准化展望

尽管数字城管在其成长和推广应用过程中十分重视标准化，现行标准也发挥了极其重要的作用，但随着城镇化的快速发展、城市管理"大部制"的落实和高新技术，特别是智能化技术的越来越广泛应用，现行标准已经不能满足数字城管及其智慧化升级的需求，标准化工作仍然任重道远，主要表现在：

一、加快实施现行标准的修订和升级

除前述《城市市政综合监管信息系统　监管案件立案、处置与结案》CJ/T 315—2009

已经立项，正在升级为 GB/T 30428 的第 8 部分外，依据《关于深入推进城市执法体制改革改进城市管理工作的指导意见》（中发［2015］37 号），《数字化城市管理信息系统　第 2 部分：管理部件和事件》GB/T 30428.2—2013 规定的城市管理对象部件和事件分类需要尽快出台修订单，《城市市政综合监管信息系统技术规范》CJJ/T 106—2010 规定的部分内容已经不适应新技术的发展，与升级后的数字城管国家标准亦不相协调，需要尽快立项修订并升级为国家标准。

二、立项研究和制定新的标准

由于移动互联网、智能手机和多媒体技术的广泛应用，数字城管监管信息源得以有效扩展，迫切需要制定《社会监督信息受理》标准，规范化来自于电话、互联网、媒体、自媒体、物联网、领导批示和信访等的社会监督信息的受理，与现行《数字化城市管理信息系统　第 7 部分：监管信息采集》GB/T 30428.7—2017 标准共同覆盖城市监管信息源的完整领域。

数字城管推广十多年来，除数字化城市管理信息系统 9 个基本子系统外，各个城市不同程度地开发了许多拓展子系统，不但加强了城市管理本身的管理和服务功能，还扩展了应用范围，诸如地下管线、车辆管理、应急指挥、视频监控、广告监管、工地管理、停车诱导等等。但这些拓展子系统存在着功能不同、名称不同等问题，需要立项研究、制订相关标准予以规范化。

在数字城管升级智慧城管的过程中和建成后，更加需要不断提出和制定新标准，引导智慧城管规范化建设与健康可持续运行。

三、开展城市管理标准体系研究

到目前，虽然制定的数字城管标准已达到 9 项，但仍有许多标准有待研究制定，尚未形成科学的有机整体，需要在进行全面规划基础上，制定城市管理标准体系，编排标准体系表，以指导标准化工作进一步深入和标准的有序立项研制。

十多年来，数字城管标准化工作发挥了重要作用，可以预期，进一步加强标准化工作必将引领城市管理和服务取得更加显著的成效。

第二章 数字化城市管理信息系统
第1部分：单元网格

本章介绍单元网格的划分原则、编码规则、数据要求和图示表达。

第一节 概　　述

实行数字城管的重要目的是实现城市管理的精细化。而精细化管理的基础和前提是城市管理空间管理的精细化。这个问题不解决，管理责任、管理内容、管理对象定位、管理方式规范和管理流程再造等一系列城市管理举措都不能付诸实施。因此，建设数字城管的第一要务，就是将数字城管所辖管理区域的实际范围按照规定原则，划分为若干单元网格，作为实施数字城管"万米单元网格管理法"的基本元素。

为了规范单元网格的划分与应用，编制了国家标准《数字化城市管理信息系统 第1部分：单元网格》GB/T 30428.1—2013，于2013年12月由国家标准化管理委员会批准发布，自2014年8月15日实施。

该标准共分前言、引言、正文和附录4部分。正文共分7章，21条，12款。

该标准主要规定了划分单元网格的基本原则、单元网格编码规则、单元网格数据要求以及如何在空间信息地图层面进行图示表达等内容。

该标准适用于数字城管建设与运行的单元网格划分和管理。同时实行网格化管理的其他专业如社会治安、社区自治、应急管理、环境保护等管理应用可参照执行。

第二节 术　　语

该标准定义了数字化城市管理信息系统、单元网格两个术语。

一、数字化城市管理信息系统

定义：基于计算机软硬件和网络环境，集成地理空间框架数据、单元网格数据、管理部件和事件数据、地理编码数据等多种数据资源，通过多部门信息共享、协同工作，实现对城市市政工程设施、市政公用设施、市容环境与环境秩序等进行监督和管理，对实施监督管理的专业部门进行综合绩效评价的集成化信息系统。

二、单元网格

定义：数字城管的基本监督和管理单元。基于城市大比例尺基础地理数据，根据数字城管工作的需要，按照规定的原则划分的、边界清晰的多边形区域。

其含义是，单元网格是数字城管定义的最小的空间基本管理单位，不是理论上的格网或网格的概念。它是为体现城市精细化管理思想、根据城市现状按照一定规则划分的一种实际的、多边形的管理区域。该标准规定"中心城区单元网格的面积宜为 $10000m^2$ 左右"，在其他领域应用时，可以不受面积限制，根据行业特点灵活规定。即使是数字城管领域，单元网格的面积也可因地制宜规定，比如城乡接合部，单元网格的面积就可以定义得大些。

第三节 划 分 原 则

本节解读单元网格划分的 9 个原则，即：法定基础、属地管理、地理布局、面积适当、现状管理、方便管理、负载均衡、无缝拼接和相对稳定原则。

一、法定基础原则

该标准规定"单元网格的划分应基于法定的城市基础地理数据，其对应的比例尺一般以 1∶500 或 1∶1 000 为宜，不能小于 1∶2000。"

其含义是，划分单元网格，宜在规定的大比例尺的地形图上实际施划，这是保证单元网格法定依据和数据精度的基础。

二、属地管理原则

该标准规定"单元网格的最大边界是社区（村）边界，不应跨社区（村）划分。"

这是基于我国现行行政管理体制现状而作出的现实规定，因为社区（村）是基层管理责任落实的最小行政单位，依此为界限划分单元网格，可以有利于界定责任边界，落实管理责任，有效避免管理范围"错位"和管理责任"失位"现象，保证监管事项"事事有着落，件件有回音"。

三、地理布局原则

该标准规定"单元网格应依照城市的街巷、道路、院落、公共绿地、广场、桥梁、空地、水域、山丘等自然地理布局进行划分"。其含义是，在划分单元网格时，不能按照经纬度，不能穿越建筑物和管理对象，应充分考量现实的地形地物，保证单元网格的实际有效性。

四、面积适当原则

该标准规定"中心城区单元网格的面积宜为 $10000m^2$ 左右，其他区域可根据其地形特征、管理部件密度和管理需要，确定适合的单元网格面积"。

在数字城管建设初期，大部分城市的数字城管覆盖区域基本是城市主城区或人口密集活动区，因此原行业标准规定一个单元网格的面积大约为 $100m×100m$ 范围，基本上是 $10000m^2$ 左右，实现小区域分块管理。随着数字城管在地级市、县级市和县城的展开，很多地区将管辖范围由建成区向非建成区拓展，由郊区、近郊区、远郊区，甚至到了村镇，这样 $10000m^2$ 面积对于大部分人稀物少区域显然不够合理。因此，规定了面积适当原则，即中心城区单元网格的面积仍可按照 $10000m^2$ 左右划分，而其他区域则可以根据地区特点、人口密度和管理对象多少等需要，确定适当的单元网格面积。

五、现状管理原则

该标准规定"不拆分单位自主管理的独立院落，而以其完整的院落作为一个单元网格"。

其含义是，一般政府对城市公共空间负有管理责任，而独立单位（院落）和封闭式小区，其管理者本身亦负有对此的管理责任。因此，按现状管理职责划分单元网格，相关单位和物业公司应承担所辖独立范围的管理责任。

六、方便管理原则

该标准规定"划分的单元网格，应便于使用安全快捷的交通工具和出行方式实施巡查监督管理"。

其含义是，在单元网格划分时，应考虑巡查路径便捷问题。比如北京的胡同划分单元网格时就要考虑楼门院的开门方向。很多院落可能跨两个胡同，看似坐落在一起，实际院门开在不同的胡同，因此在划分单元网格时，应周全考虑院落的构成，以利于监督员合理确定巡查路线，提高巡查效率。

七、负载均衡原则

该标准规定"各单元网格内管理部件的数量宜相对均衡"。

其含义是，既要兼顾建筑物、管理对象的完整性，以及监督员巡查工作量的相对均衡，也要尽量做到单元网格内承载的管理对象和内容数量大致均衡。根据国家相关标准监督员巡查范围应为若干个单元网格组成的责任网格，因此只要将单元网格内管理部件的数量相对均衡，即可通过责任网格的划分来调整管理部件数量的均衡性。按单元网格进行的部件数量统计可通过系统承建商，或承担部件普查的单位提供。

八、无缝拼接原则

该标准规定"单元网格之间应无缝拼接，不重叠"。

其含义是，在划分的单元网格之间既不允许有漏洞，也不能有重叠，保证数字城管所管辖的责任区域无死角、无扯皮、无遗漏和无不落实。

九、相对稳定原则

该标准规定"单元网格的划分应保持相对稳定"。

划分单元网格的目的是实现管理工作量的明确界定、管理责任的适度定位、管理内容的负载均衡、管理对象的状态可控。因此单元网格一旦确定，其部件和事件精细化管理才能得到具体落实，这是因为部件和事件的属性中有一项是"所在单元网格"，一般不宜对单元网格反复进行调整，应保持部件事件属性信息的相对稳定。

第四节　编 码 规 则

本节共规定了 5 条编码规则。

一、网格代码惟一

该标准规定"一个单元网格应有惟一的标识码"。

实行惟一标识码规则，主要是基于信息资源整合共享考量，数字城管未来的目标是实现全国部、省、市和县的联网，建立全国城市管理资源数据库。赋予单元网格惟一标识码，对于行业主管部门全面掌握各省各地情况，分析研判城市管理现状、精准指导并提出决策依据是非常必要的。因此该标准规定了每个单元网格都应有全国惟一的标识码。

二、标识码结构

该标准规定标识码"由15位数字组成，依次为：6位县级及县级以上行政区划代码、3位街道（镇、乡）代码、3位社区（村）代码和3位单元网格顺序码。"标识码结构如图2-1所示。

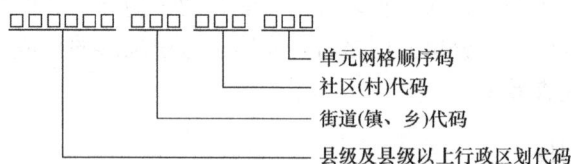

图 2-1 单元网格标识码结构

需要注意的是，原行业标准单元网格的标识码为14位，而国家标准中则调整为15位，这是一个大变化。主要是单元网格顺序码由过去的2位变成了3位。在数字城管运行实践中，有的城市由于一些社区面积较大，单元网格数量超过了99个，而原行业标准中2位单元网格顺序码00～99已不能满足这些城市的单元网格编码要求。因此，该标准对编码结构进行了调整，顺序码增加1位，就可以使一个社区内单元网格的数量达到999个。按照中心城区单元网格面积约10000m² 估算，对应的社区面积约10km²。面积超过10km² 的社区，通常是非中心城区，可以通过合适的单元网格面积调整，使得该社区内的单元网格数量仍然控制在999个之内。

三、编码方法

该标准规定"县级及县级以上行政区划代码应按照GB/T 2260的规定执行；街道（镇、乡）代码应按照GB/T 10114的规定执行；社区（村）代码应按所在城市相关规定进行编码。街道（镇、乡）代码和社区（村）代码尚未编制的城市，宜按照GB/T 10114和本文件规定进行编码"。

按该标准规定的编码方法为，单元网格标识码的第1～6位是县级及县级以上行政区划代码，直接按照现行国标《中华人民共和国行政区划代码》GB/T 2260的规定执行。第7～9位是街道（镇、乡）代码，按照现行国标《县以下行政区划代码编码规则》GB/T 10114的规定，由所在城市相关部门进行编码。第10～12位是社区（村）代码，按所在城市民政部门制定的社区代码或其他相关规定进行编码。街道（镇、乡）代码和社区（村）代码尚未编制的城市，可以参照《县以下行政区划代码编码规则》GB/T 10114和该标准的规定进行编码。

四、顺序码编排方法

该标准规定"单元网格顺序码在一个社区（村）内按从西向东、由北至南的顺序进行编码"。其含义是，在编码的第 13～15 位是一个社区范围内单元网格的顺序码，在一个社区（村）内单元网格按从西向东、由北至南的顺序进行编码。或者是从左到右，从上到下的顺序编码。

例如：北京市东城区交道口街道圆恩寺社区第一个单元网格的标识码为：110101003005001，按照上述编码方法，110101 对应北京市东城区，003 对应交道口街道，005 对应圆恩寺社区，001 对应第一个单元网格。

五、代码变更

该标准规定"当单元网格变更时，其原代码应不再使用；变更后的单元网格，应按照上述规则重新编码"。

其含义是，单元网格划分确定后，原则规定尽量保持稳定。但是，随着城市建设发展，有些城市可能需对一些社区或街道进行合并或拆分调整，带来的后果是原已划定的单元网格也要相应重新划分，标识码重新赋予。从历史留存记录的角度出发，在数据信息的处理上应留有历史痕迹便于回溯，因此单元网格的代码具有惟一性。一般变更可能有下列几种情况，行政区（区、街道）合并（拆分）、社区合并（拆分）、单元网格调整（合并、拆分、变化），代码也要对应不同情况进行调整。

（一）行政区（区、街道）合并（拆分）

两个行政区如两个区、街道合并或拆分时，则区、街道和社区代码会发生变化，即单元网格标识码前 12 位要相应发生变化，但社区内的单元网格仍然保持不变，顺序码也就无需变化，只需将标识码前 12 位改为新的代码即可。

例如：原北京市东城区和崇文区合并，但街道并未调整。因此合并后，原崇文区崇外街道崇文门西大街社区的编码是 110103002001，合并后东城区崇外街道崇文门西大街社区的编码是 110101012001。原编码最后 2 位顺序码前补 0 改为 3 位顺序码。该社区第一个单元网格的原编码 11010300200101 留存不用，新编码为 110101012001001。

（二）社区合并（拆分）

社区合并或拆分时，一个社区内单元网格发生了变化。按照"相对稳定原则"，需要让尽可能多的单元网格保持原顺序码，因此，可视合并情况让社区原有单元网格顺序码保持不变，只将新合并进来的单元网格顺序码重新编码；可视拆分情况，未被拆分出去的单元网格保持原顺序码，被拆分出去的单元网格在新社区范围内重新编顺序码。

（三）单元网格调整（合并、拆分、变化）

按照"相对稳定原则"，没有变化的单元网格保持原编码，被调整的单元网格应在一个社区内最大顺序码的基础上继续顺序编码。

六、现有数字城管系统怎样从执行行业标准升级为执行国家标准

在该标准发布实施之前已建的数字城管系统中，单元网格数据库属性表中的标识码是 14 位，按照国标要求进行调整，只需在单元网格顺序码之前加 0 补足 3 位，即可满足国家标准要求的单元网格 15 位标识码。需要注意的是，这种修改不只是修改单元网格属性表

中的标识码，还要相应修改管理部件和事件属性表中"所在单元网格"属性项，以及其他用到单元网格标识码的地方。这样才能保证数据的一致性。

为避免数字城管数据库升级造成对系统正常运行的不利影响，建议在单元网格、地理编码、部件数据普查更新时，按照国家标准集中进行数据库升级工作，包括要求普查单位按照国家标准规定提交相关数据、系统承建商在数据入库更新时完成原有系统中相关数据的修改和更新，等等。

第五节　数 据 要 求

本节规定了通过计算机 GIS 系统，实施单元网格划分和数据处理工作的具体操作要求。对于数字城管系统的用户而言，在系统验收时，应依据现势数据，在系统中查询对照检验单元网格的各项属性数据，并从数据展示中清晰表达划分合理且与实际管理相符的单元网格图。

一、一般规定

在数字城管系统建设过程中，单元网格数据呈现出来的就是 GIS 系统（商业的 Arc-GIS、SuperMap、MapGIS 等，以及开源的 GeoServer 等）展示的一个图层。该图层是基于当地的大比例尺基础地形图上划分，并与城市基础测绘的坐标系一致，每个单元网格数据不但包括空间数据还有属性数据，在单元网格属性中有一个属性项"面积"，面积的计量单位为平方米（m^2）。

二、空间数据要求

空间数据要求即图层数据的要求。该标准规定，单元网格"应采用闭合多边形表达"，"应建立拓扑关系"。因此，单元网格图层数据为建立了拓扑关系的面状图层，满足"无缝拼接原则"。

该标准对于图层数据的精度要求做了具体规定，要求"单元网格的多边形顶点的平面位置中误差不应超过±1.0m"。

三、属性数据要求

单元网格的属性数据即图层数据属性项的要求，具体数据结构见表 2-1，包括单元网格标识码、面积、初始划分时间、终止时间和备注等 5 个字段。普查单位和系统承建商均应按照表 2-1 的要求来构建单元网格图层。

单元网格属性数据内容及结构表　　　　　　　　　　　　表 2-1

序号	字段名称	字段代码	字段类型	字段长度	约束/条件	说明
1	单元网格标识码	BGID	char	15	M	
2	面积	BGSqua	integer	8	M	单元网格的面积
3	初始时间	ORDate	date	8	M	单元网格划分的初始时间
4	终止时间	CHDate	date	8	C/网格变更	单元网格发生变更或不再使用的时间
5	备注	Note	char	100	O	需要说明的其他信息，如变更原因、变更前标识码等

注：M-必选，C-条件必选，O-可选。

需要说明的是，属性项中的后两个字段，标准规定分别是条件必选和可选，也就是说在第一次填写单元网格数据时，由于没有变更，该两项的值可以为空。有些城市为了减少属性项，节约存储空间，在属性表中就没有后两项，但是系统运行后，单元网格数据出现调整，因为缺少相应的属性项字段，就需要对原有系统数据进行一次全面的更新调整，造成系统不必要的麻烦。因此，建议在单元网格数据库建立之初，就将属性项全部字段都考虑进来。这样，当单元网格变更时，就可以直接填写单元网格终止时间，以及变更原因和变更前标识码等。

"初始时间"和"终止时间"两个字段应描述单元网格的生命周期，何时划分的，何时不再使用。

字段类型需要根据 GIS 软件相应调整，并根据数据库的规定选择合适的字段类型。比如对于使用 Oracle 的 ArcSDE，备注的字段类型相应改为 varchar2，这样可以按照备注信息的实际长度进行存储，最大长度为 100，节省存储空间。

时间属性数据的记录为日期型，即 YYYYMMDD 形式，不需要包括时、分、秒信息。在 GIS 软件中显示属性表的时候，时间属性数据会有其他表现形式，如 YYYY-MM-DD。不管是何种表现形式，实际存储类型都是日期型。

第六节　图　示　表　达

本节规定，在 GIS 软件中单元网格的图示表达对应的是图层的渲染样式。

为了在数字城管系统中，能够清晰展示单元网格和行政区划边界之间的空间关系，通常需要在展现单元网格图层的同时叠加行政区划图层。国家有关地理信息标准中，已经明确规定了县级及县级以上行政区划的图示表达方式，因此数字城管系统中，关于行政区划的图示表达，应按照《国家基本比例尺地图图式 第1部分：1∶500 1∶1 000 1∶2 000 地形图图式》GB/T 20257.1—2007 进行显示，街道（镇、乡）和社区（村）的图示表达应分别采用上述中"乡、镇级界线"和"村界"图示符号。

关于单元网格的边界线样式和标识码注解，本标准从比例尺、线宽、线形和颜色，标识码的字高、字形和颜色等都做了相应的具体规定，见表2-2。

单元网格边界线样式　　　　　　　　　　　　　　　　表 2-2

比例尺	线宽（mm）	线型	颜色：蓝色			
			C	M	Y	K
1∶500	0.8	实线	88%	77%	0	0
1∶1 000	0.5					
1∶2 000	0.3					

注：CMYK 为印刷色彩模式；其中，C-青色、M-品红色、Y-黄色、K-黑色。

单元网格标识码注记样式见表2-3规定。

单元网格标识码注记　　　　　　　　　　　　　　　　表 2-3

比例尺	字高（mm）	字形	颜色：品红色			
			C	M	Y	K
1∶500	5	正等线体	0	100%	0	0
1∶1 000	4					
1∶2 000	3					

注：CMYK 为印刷色彩模式；其中，C-青色、M-品红色、Y-黄色、K-黑色。

该标准还要求标识码注记"作为单独的图层存放"。在实际操作中，由于 GIS 软件都支持根据图层的属性进行标注，因此在浏览时，则可以直接利用"图层标注"功能来显示注记。若为了排版印刷，可以用 GIS 软件将图层标注转换为单独的注记图层。

第七节 附 录

该标准给出了三个附录，均为资料性附录，用北京市东城区的单元网格划分实例来说明如何执行标准。仅作为参考性说明。

附录 A.1 说明了根据国家标准确定区级行政区划代码。

附录 A.2 说明了根据地方标准确定街道行政区划代码。

附录 A.3 说明了如何确定社区行政区划代码。

附录 A.4 说明了如何确定单元网格的标识码。

附录 B.1 则具体说明了单元网格属性数据。需要注意的是，表 2-4 中"序号"一列只是为了阅读方便添加的，并非图层中真实存在的字段。

北京市东城区部分单元网格属性数据表　　　　　　　　　　表 2-4

序号	单元网格标识码	面积（m²）	初始时间	终止时间	备注
1	110101001001001	10 364	20040901	—	东华门街道银闸社区第一个单元网格
2	110101002001001	13 486	20040901	—	景山街道吉祥社区第一个单元网格
3	110101003001001	12 009	20040901	—	交道口街道鼓楼苑社区第一个单元网格
4	110101004001001	12 063	20040901	—	交道口街道鼓楼苑社区第一个单元网格
5	110101005001001	13 469	20040901	—	北新桥街道藏经馆社区第一个单元网格
6	110101006001001	12 777	20040901	—	东四街道东四十条社区第一个单元网格
7	110101007001001	23 697	20040901	—	朝阳门街道朝内头条社区第一个单元网格
8	110101008001001	34 290	20040901	—	建国门街道清水苑社区第一个单元网格
…	…	…	…	…	…

按照图示表达要求制作的单元网格专题图实例如图 2-2 所示。

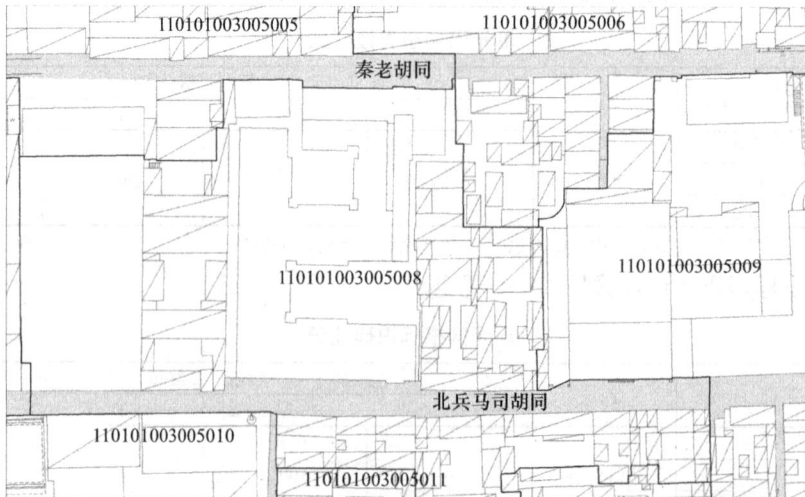

图 2-2　北京市东城区交道口街道圆恩寺社区单元网格图（局部）

第三章 数字化城市管理信息系统
第2部分：管理部件和事件

第一节 概　　述

在城市管理中，政府作为城市管理的主体，精确掌握管理的每一对象、内容、数量、状态、位置及其产权和事权归属，是实施精细化管理的前提。为了适应现代城市管理的客观需要，数字城管首创了城市管理"部件"和"事件"概念，将其作为城市管理的基本元素，即把城市中具有地理位置并且以物理形态存在的城市市政、园林、环卫等城市基础设施统称为部件。把与人的行为活动有关，或因自然因素导致城市市容环境和环境秩序受到影响或破坏的现象称为事件。

为了规范管理部件和事件数据的获取、管理和应用，编制了《数字化城市管理信息系统 第2部分：管理部件和事件》GB/T 30428.2—2013。该标准于2013年12月由国家标准化管理委员会批准发布，自2014年8月15日实施。

该标准共分前言、引言、正文和附录四部分。正文共分7章，16条，20款。

该标准主要规定了管理部件和事件的分类、编码及数据要求、专业部门编码规则、以及部件事件扩展规则等内容。

该标准适用于数字化城市管理信息系统的管理部件和事件数据获取、管理与应用。城市的其他管理应用可参照执行。

第二节 术　　语

该标准定义了"管理部件"、"事件"和"专业部门"3个术语。

一、管理部件

定义：城市管理公共区域内的各项设施，包括公用设施、交通设施、市容环境设施、园林绿化设施和其他部件等市政工程设施与市政公用设施。

从物质形态特征来看，管理部件是位置固定在城市管理公共区域内的各种设施。

二、事件

定义：人为或自然因素导致城市市容环境和环境秩序受到影响或破坏，需要城市管理专业部门处理并使之恢复正常的现象和行为。

相对于管理部件来说，管理事件系非固定位置、且与人的活动行为密切相关。

三、专业部门

定义：部件和事件问题的主管部门、部件的权属单位和养护单位。

"专业部门"术语的引入，是为了明确部件和事件处置的责任主体部门，当部件和事件出现问题时，由责任主体部门给予及时处置使之恢复正常。因此，在业务数据普查时，做好对责任主体部门的产权、事权的确权确责工作尤为重要，也是数字城管运行时减少部件、事件无主责案件的极为重要的基础工作。

第三节　部件分类、编码及数据要求

本节的部件分类是按照我国现行城市管理的一般功能划分，以框定职能，明确责任，提高城市管理工作的处置效率。部件分为 5 大类，121 小类。涵盖了目前我国城市市政公用、市容环卫和市政秩序管理的主要内容。对部分在各地称谓不同的管理内容，该标准都分项逐类进行了解释和说明，以便理解和应用。同时参照其他国家标准和行业标准，设计了所有部件小类的图式符号，利于数字城管系统在地图上分类展示和统计。同时，为便于对所有部件进行统计分析，精确掌握数量、位置等，该标准还规定了部件编码，每个部件的编码都由分类码和顺序码共同组成标识码，分类码确定其所在城市地区和分类，标识码可计算出同类部件的精确数量。

一、部件分类

部件分类包括两个层级，第一个层级是大类，第二个层级是小类，每个大类均由若干小类组成。

该标准将部件分为 5 个大类，121 个小类，其中：

（1）公用设施，主要包括水、电、气、热等各种检查井盖，以及相关公用设施等 58 个小类；

（2）交通设施，主要包括停车场、交通标志牌、公交站亭、立交桥等 31 个小类；

（3）市容环境设施，主要包括公共厕所、垃圾箱、户外广告、牌匾标识等 13 个小类；

（4）园林绿化设施，主要包括古树名木、雕塑、街头座椅等 10 个小类；

（5）其他部件，主要包括人防工事、公房地下室、重大危险源、水域附属设施、文物古迹等 9 个小类。

公用设施大类中各类井盖就有 23 个小类，其细分的目的在于，明确井盖的不同功能，界定不同权属单位和处置单位。当出现井盖问题时，能够精准确定处置单位，快速处置和恢复正常功能。因此，通过部件普查，确定每一类设施的权属单位是一项十分重要的基础性工作。应委托具有测绘资质的专业单位负责部件普查建库工作，保证部件的定位精度达到该标准要求，部件的入库数量齐全，部件的权属准确无误。同时，应把所有测绘的部件按照其坐标标注在大比例尺地图上，以便于精细化管理、统计和展示。尤其应该注意的是，城市部件普查和部件确权确责工作，一定要在政府相关部门主导下，组织专业测绘单位与相关部门配合进行，对普查获取的所有部件数据，应根据部件的不同专业和类别，组织相关专业责任单位予以甄别确认，逐一进行确权工作。应克服和避免单纯由专业测绘部门依据"设施上标注的权属单位或者权属单位信息"予以确权确责，致使"无主部件"增多的错误做法，保证所有部件"件件有着落"，为数字城管实施精细化管理奠定可靠基础。

二、部件编码

该标准规定部件编码由两部分组成，一部分是部件的分类代码，另一部分是部件的顺序码，两部分合成为部件的标识码。部件的分类代码代表其所在地区及所属功能的分类，标识码不仅在本城市是惟一的，而且在全国也是惟一的，相当于给该部件赋予了"身份证"。这个"身份证"，对于实施全国性的城市基础设施的数量、现状、归属等属性的统计与分析，乃至对全国城市基础设施精细化管理状况进行考核评价都具有重要意义。

（一）部件的分类代码

由3个码段共10位数字组成，依次为：6位县级及县级以上行政区划代码、2位大类代码、2位小类代码。部件代码结构如图3-1所示。

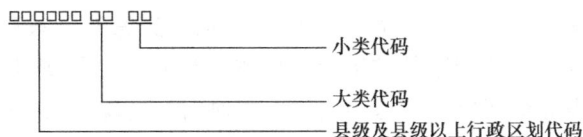

图 3-1　部件代码结构

其中，6位县级及县级以上行政区划代码，要依照现行国标《中华人民共和国行政区划代码》GB/T 2260执行。大类代码为2位，分别是01公用设施，02交通设施，03市容环境设施，04园林绿化设施，05其他部件。小类代码为2位，从01～99由小到大顺序编排。其中01～79为该标准各大类中的小类代码占用，不足79小类的剩余码位暂空，为以后标准修订增加管理对象时预留。80～99用于各地扩充管理部件时使用，其排列顺序按照99～80倒排。关于扩充小类编码问题，将在本章第六节部件和事件类型扩展中予以详细解读。

（二）部件的标识码

每个部件都有一个惟一的标识码。标识码共16位，由"部件代码＋顺序代码"构成，前10位是部件代码，后6位是顺序代码。顺序代码表示同类部件在同一城市里的排列顺序号，依照部件定位标图从000001开始由小到大顺序编排。

示例：北京市东城区安定门东大街南侧，小街桥路口西50m处步行道上一电力井盖，按照该标准的编码规则，东城区的行政区划代码为110101，其部件大类为公用设施，代码为01，小类为电力井盖，代码为05，其普查测绘和标图定位的流水号为1525，顺序代码为001525，则该电力井盖的标识码为1101010105001525。

三、部件空间数据和属性数据要求

部件经过普查、测绘、定位、标图和建立对应的属性数据表，以及每个部件与其属性建立关联关系等一系列工作后，反映在数字城管系统中，就是以图层形式呈现，并能够在系统中查询所有部件的属性信息。该标准对部件图层数据要求作出了5条规定，包括坐标系、定位精度、图式符号、普查数据的完整性以及验收普查结果等。

(一) 空间数据要求

1. 坐标系要求。该标准规定"部件空间数据的坐标系应采用所在城市基础测绘的坐标系",这与单元网格一样,都应将部件的普查结果,按照其实际坐标位置绘制在大比例尺城市基础地理信息地图上,并与部件所在单元网格建立关联关系。

2. 精度要求。该标准对每个部件的普查定位精度也给予明确规定,要求符合如表3-1所示的部件定位精度。

部件平面定位精度要求 表 3-1

序号	精度级别	中误差（m）	说明
1	A类	±0.5	空间位置或边界明确的部件,如井盖、路灯等
2	B类	±1.0	空间位置或边界较明确的部件,如垃圾箱、亭、户外广告等
3	C类	±10.0	空间位置概略表达的部件,如桥梁、停车场等

所谓精度要求,是指当部件发生问题上报时,能精准标明所发生问题部件的位置。在一些大城市的人口密集区域,多种井盖、立杆等设施聚集密布,只有测绘和标注定位精准,才能保证后续系统运行的问题部件定位、处置、核查、结案等环节准确高效。为此,该标准要求对于井盖类等空间位置或边界明确、在地图上呈现为点状的部件测绘标注中误差不能大于±0.5m,对点状或线状如垃圾箱等空间位置或边界比较明确的部件标注中误差不能大于±1.0m,对面状如停车场等空间位置概略表达的部件标注中误差不得大于±10.0m。

3. 图式符号要求。该标准规定了所有部件在地图上的图式符号表达,在标准执行中建议采用该标准附录B给出的图式符号。

4. 现势性要求。该标准规定"部件普查、测绘应保证数据的完整性、现势性和正确性。"其含义是:

（1）用于部件定位的地形图应是定期更新并能真实反映城市现状的最新的完整地图。多年未曾修测、不符合城市现状、部件普查结果无法在地图上正确标注的地图,不得用于部件定位。

（2）部件本身数据应具有现势性。随着城市的发展建设,城市道路、建筑和各类设施都会随之产生变化,因此应建立部件更新机制,应每年定期对部件数据进行增、删、改的补测更新,以确保部件数据的现势性,为城市精细化管理提供可靠数据依据。

（3）数据建设全过程的每个环节都应按标准规范运作,保证部件数据正确无误。

5. 数据成果验收要求。该标准规定"部件普查、测绘成果应按本部分的相关技术要求进行验收。部件普查、测绘成果验收的主要内容应包括部件分类代码的正确性、属性数据的完整性和准确性、部件的平面定位精度以及部件的完整性等"。

其含义是,对于测绘部门提交系统应用的部件普查成果必须进行验收。部件普查、测绘成果验收的主要内容应包括部件分类代码的正确性、属性数据的完整性和准确性、部件的平面定位精度以及部件的完整性等。宜采用的验收方法为,用户方组织相关单位和人员,对提交的部件空间数据采取现场核实与系统检查相结合的方式,对部件普查的全面性、部件空间位置的准确性、部件属性信息的完整性以及部件编码的正确性等进行全面细致的检查验收,且合格后,方可进入系统数据库。

(二) 部件属性数据要求

该标准规定部件属性数据的内容、结构和字段代码应符合表3-2的规定。各城市可根据业务需要，扩展属性项。扩展的属性项应在基本属性项后按顺序排列。

部件属性数据内容、结构和字段代码　　　　　　　表 3-2

序号	属性项名称	字段代码	字段类型	字段长度	定义与值域范围	约束/条件
1	部件标识码	ObjID	char	16	部件的标识码	M
2	部件名称	ObjName	char	30	部件的标准名称	M
3	主管部门代码	DeptCode1	char	10	部件主管部门的代码	M
4	主管部门名称	DeptName1	char	60	部件主管部门的全称	M
5	权属单位代码	DeptCode2	char	10	部件权属单位的代码	O
6	权属单位名称	DeptName2	char	60	部件权属单位的全称	O
7	养护单位代码	DeptCode3	char	10	部件养护单位的代码	O
8	养护单位名称	DeptName3	char	60	部件养护单位的全称	O
9	所在单元网格	BGID	char	15	部件所在单元网格标识码，应符合 GB/T 30428.1 的规定	M
10	部件状态	ObjState	char	10	如：完好/破损/丢失/废弃/移除等	M
11	初始日期	ORDate	date	8	部件数据普查的初始日期，格式为 YYYYMMDD	M
12	变更日期	CHDate	date	8	部件数据变更调查的日期，格式为 YYYYMMDD，第一次普查时为空	C/部件数据变更
13	数据来源	DataSource	char	30	普查部件数据的来源，包括：实测/地形图/其他	O
14	备注	Note	char	100	需要特别说明的内容，如变更原因、权属确认情况等	O

注：M-必选，C-条件必选，O-可选

属性表中各字段的内容表明，部件的属性数据相当于部件的档案，属性数据的完整和正确是未来城市管理大数据分析的基础，也是各城市对辖域内基础设施有效管控的依据。因此，应在部件普查时，给每个部件建立全面、详实的属性数据档案，应包括以下要素：一是对表中各项内容尽量填写完整。二是尽可能明确主管部门、权属单位和养护单位，至少落实一个责任部门，为数字城管运行后，明确责任主体，及时处置城管问题提供基本保障。三是建立每个部件与其属性信息在数字城管系统中的关联关系。四是在每次部件数据更新的同时更新其对应的属性信息。

需要说明的是，部件属性数据在数据库处理时，属性信息的字段类型应根据 GIS 软件相应调整，需要根据数据库的规定选择合适的字段类型。部件的属性项中，"初始日期"和"变更日期"两个时间属性的字段类型是日期型，即 YYYYMMDD 形式，不需要包括时、分、秒信息。在 GIS 软件中显示属性表的时候，时间属性数据会有其他表现形式，如 YYYY-MM-DD。不管是何类表现形式，实际存储类型都是日期型。

四、部件数据更新

数字城管从 2004 年诞生到 2014 年的 10 年间，部件和事件分类、编码及数据要求，都采用行业标准。原行业标准中，部件分为 6 个大类，并且设有"扩展部件类"，专门用于对未包括在上述大类中而又确需纳入管理的部件的扩充。2014 年发布实施的该国家标准中，部件大类保留了公用设施、交通设施、市容环境设施和园林绿化设施 4 个大类，而将原行业标准的房屋土地（主要包括宣传栏、人防工事、地下室等）和其他设施（主要包括重大危险源、工地、水域附属设施等）两个大类合并为第 5 大类其他部件。相应每个大类中的小类也进行了一些补充、调整和完善。部件从 6 个大类 85 个小类调整为 5 个大类121 个小类。国家标准的部件分类表参见该标准的规范性附录 A 部件分类代码表。

对比国家标准和行业标准，各部件大类下的小类个数均有所变化，其变化情况见表 3-3。

行业标准与国家标准部件分类对照表   表 3-3

	行业标准个数	删除	新增	移入	移出	国家标准个数
01 公用设施	38	1	21			58
02 交通设施	17		13	1		31
03 市容环境设施	11		1	1		13
04 园林绿化设施	10		1			10
05 其他部件	6	1	3	2	1	9
房屋土地	3				3	
合计	85	3	39	4	4	121

由表 3-3 可见，国家标准删除了原行标中的立杆、绿地和工地 3 个小类部件，增加了电力立杆、通信立杆、公交立杆、特殊立杆、不明立杆；绿地和工地两类管理，采取分别建立单独的专题图层进行表达。国家标准比行业标准新增了 39 个部件小类，如地名牌、休息亭、自动缴费机、充电桩、立体车库、安全岛、车辆加油（气、电）站，等等。

从表 3-3 还可以看出原行业标准中有 4 个小类部件，在从行业标准升国家标准后，其原所属大类重新进行了调整，调整情况见表 3-4。

部件小类调整表   表 3-4

行业标准		国家标准	
大类	小类	大类	小类
05 房屋土地	01 宣传栏	03 市容环境设施	08 宣传栏
	02 人防工事	05 其他部件	02 人防工事
	03 公房地下室		03 公房地下室
06 其他设施	05 港监设施	02 交通设施	31 港监设施

第四节　事件分类、编码及数据要求

本节规定了事件分类、事件编码及其数据要求。

一、事件分类

事件分类包括两个层级，第一个层级是大类，第二个层级是小类，每个大类均由若干小类组成。

该标准将事件分为 6 个大类 83 个小类，其中：

（1）市容环境类，主要包括私搭乱建、违章接坡、建筑物外立面不洁、暴露垃圾、积存垃圾渣土、道路破损等 38 个小类；

（2）宣传广告类，主要包括非法小广告、违规户外广告、违规牌匾标识、广告语言文字不规范等 7 个小类；

（3）施工管理类，主要包括施工扰民、工地扬尘、施工废弃料、施工工地围挡问题、施工占道等 12 个小类；

（4）街面秩序类，主要包括无照经营游商、早（夜）市管理问题、流浪乞讨、占道废品收购、店外经营等 10 个小类；

（5）突发事件类，主要包括供水管道破裂、燃气管道破裂、路面塌陷、排水管道堵塞、群发性事件等 11 个小类；

（6）其他事件类，主要包括违规高空悬吊作业、门前（三包）脏乱等 5 个小类。

该标准规范性附录 C 事件分类代码表，具体描述了数字城管管理的每个事件的情形，应遵照执行。在实践中应注意以下 4 个问题：

（一）关于事件数据库建设

与部件普查建库相同，管理事件也应通过普查、确权，框定市与区（县市）之间、上级专业部门与下级专业部门之间、专业部门与专业部门之间的城市管理职能，明确管理边界，落实管理责任。基于数字城管管理体系的特殊性考量，事件普查应由地方政府牵头组织，由数字城管监督指挥中心具体负责，协调承担城市管理职能的相关专业部门和单位，按照该标准规定对管理事件予以确权、确责。据统计，管理事件案件在数字城管案件总量中占比在 95% 以上，因此，搞好事件数据库建设、落实事件管理责任，对提高数字城管运行质量具有重要意义。

（二）关于事件定位

事件具有事发位置不固定的特性，所以事件定位，应依靠地理编码数据提供相对准确的位置信息来完成。因此应注重做好城市地址数据和地理编码数据的普查建库工作，为数字城管业务流程正常运行提供基础性保障。在数字城管系统建设中，地理编码数据和地址数据普查是一项十分重要的基础工作。对此，本书第四章将作详细解读。

（三）关于新增事件

可以根据发生问题事件的实际状况，补充添加该事件的责任主体部门，也可根据已经颁布的法律法规，将需要执法解决的事件所对应的法条法典予以补充，为专业部门的处置人员实施精细化管理提供法律依据。

（四）关于事件类别更新

此前按照行业标准建设的事件数据库，应按照国家标准对事件数据库进行重新调整。国家标准相较行业标准，事件分类的大类没有变化，只是根据管理需要，在相应的大类中扩充了部分小类，同时把部分不易归类的事项按照小类排序列入其他事件类，使其他事件大类中增加了 5 个小类。调整情况见表 3-5。

行业标准和国家标准事件分类对照表						表 3-5
	行标个数	删除	新增	移入	移出	国标个数
01 市容环境	18		5	5		38
02 宣传广告	5	1	3			7
03 施工管理	5		7			12

续表

	行标个数	删除	新增	移入	移出	国标个数
04 街面秩序	13		2		5	10
05 突发事件	9		2			11
06 其他事件			5			5
合计	50	1	34	5	5	83

从行业标准升国家标准，有 5 个小类所属大类从街面秩序调整为市容环境，宣传广告大类下有 2 个小类进行了合并，见表 3-6。

事件小类调整表 表 3-6

行业标准		国家标准	
大类	小类	大类	小类
05 街面秩序	07 乱堆物堆料	01 市容环境	36 乱堆物堆料
	08 商业噪音		28 商业噪音
	10 露天烧烤		29 露天烧烤
	11 沿街晾挂		07 沿街晾挂
	13 空调室外机低挂		09 空调室外机低挂
02 宣传广告	02 违章张贴悬挂广告牌匾	02 宣传广告	07 违规标语宣传品

二、事件编码

事件分类代码在属性表中简称事件代码。该标准规定"事件代码由 3 个码段共 10 位数字组成，依次为：6 位县级及县级以上行政区划代码、2 位大类代码、2 位小类代码"。事件代码结构如图 3-2 所示。

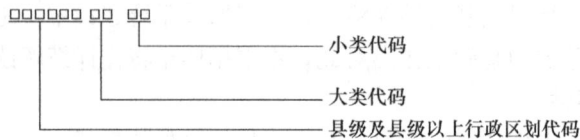

图 3-2　事件代码结构

事件代码与部件代码结构相同，其中前 6 位县级及县级以上行政区划代码也是依照现行国家标准《中华人民共和国行政区划代码》GB/T 2260 执行。大类代码为 2 位，分别是 01 市容环境，02 宣传广告，03 施工管理，04 街面秩序，05 突发事件，06 其他事件。小类代码为 2 位，从 01～99 由小到大顺序编排。其中 01～79 为该标准各大类中的小类代码占用，不足 79 小类的剩余码位暂空，为以后标准修订增加管理内容时预留。80～99 是给各地扩充事件时使用，其排列顺序按照 99～80 倒排。对于扩充的小类如何编码，将在本章第六节部件和事件类型扩展进行详细的说明。

示例：禄米仓后巷 3 号住宅西侧 10m 处有堆放绿化施工废弃料，按照该标准编码规则，该事件的大类是施工管理，代码为 03，小类是施工废弃料，代码为 05，其事件分类代码是 1101010305。如果在其他地区发现同类问题，如大兴胡同 65 号住宅对面墙根处堆有施工废弃料，其事件分类代码也是 1101010305。这两个事件通过其属性信息中事发位置、所在单元网格不同来区别。

三、事件属性数据要求

事件的属性数据内容、结构和字段代码应符合表 3-7 的规定。各城市可根据业务需要扩展属性项，扩展的属性项应在基本属性项后按顺序排列。

事件属性数据内容、结构和字段代码 表 3-7

序号	属性项名称	字段代码	字段类型	字段长度	定义与值域范围	约束/条件
1	事件代码	ObjCode	char	10	事件分类代码	M
2	事件名称	ObjName	char	30	事件的标准名称	M
3	主管部门代码	DeptCode1	char	10	事件处置主管部门代码	M
4	主管部门名称	DeptName1	char	60	事件处置主管部门全称	M
5	事发位置	ObjPosition	char	100	事件发生地的位置描述	M
6	所在单元网格	BGID	char	15	事件所在单元网格标识码，应符合 GB/T 30428.1 的规定	M

注：M-必选。

从属性表各字段内容可以看出，事件的属性数据，相当于事件的历史记录，是后续城市管理数据分析的依据，通过对发生的所有事件分析，找出问题规律，提出解决方案，是数字城管区别于其他管理系统的创新特性。因此，准确及时记录每一个事件的处置轨迹，是对数字城管系统功能的最基本要求。需要注意的是，在部分城市的数字城管系统中，存有事件属性数据记录不全面，事件属性数据表中无事件代码，事件属性记录随机性大等问题，降低了事件数据质量。因此，应加强事件属性数据管理。提高数据统计分析质量，保证其完整性和正确性，使数字城管在城市管理的决策支持、预警预测等方面发挥更大作用。

第五节 专业部门编码规则

本节规定了专业部门的编码规则。

专业部门代码由两个码段共 10 位数字组成，依次为：6 位县级及县级以上行政区划代码、4 位顺序代码。顺序代码表示专业部门的排列序号。专业部门代码结构如图 3-3 所示。

图 3-3 专业部门代码结构

专业部门的编码，主要根据计算机系统自身特点，使部件和事件属性数据表填写、统计、分析和计算更加简便、快捷。专业部门代码的前 6 位，应按照现行国家标准《中华人民共和国行政区划代码》GB/T 2260 执行，便于在未来全国建设城市综合管理服务平台中，能够通过前 6 位代码快速锁定专业部门其所属城市和地区。由于各地专业部门设置及称谓不尽相同，故各地可根据本地部门排列顺序对后 4 位自行进行顺序编码。该标准的资料性附录 D 以北京市东城区专业部门代码的示例作为参考。

第六节 部件和事件类型扩展

本节规定了数字城管部件、事件类型扩展的基本要求。

我国地域辽阔，城市的各类基础设施以及管理内容、管理标准等在南方与北方、发达地区与欠发达地区都有一定差别，为兼顾各地的不同需求，该标准对部件和事件类型扩展作出了相关规定。

该标准规定"当本部分规定的部件和事件小类不能满足城市特定管理需要时，可进行扩展。但部件和事件的大类不得扩展"。同时给出了部件和事件小类扩展的定义及其编码方法规定。并且严格规定："同一城市各级部门采用的扩展部件和事件的类型和代码应保持一致"。

该标准规定的部件和事件大类已经基本涵盖了目前我国城市管理领域内的管理对象。但是，随着城市管理事业发展和城市管理体制改革不断深化，有些管理内容必然要进行补充完善。为此，该标准在大类设计中特别设置了其他部件、其他事件的管理内容，为那些不能归集到已有大类中的管理内容预留了归口。同时，该标准规定，为保证标准执行的稳定性和一致性，部件、事件大类不再允许各地自行扩展，随着城市建设和发展，国家标准将会根据需求进行修订完善。

该标准规定，部件和事件的小类可以根据地区差异及管理需求进行扩展，但扩展时应注意以下 5 点：

（1）在扩展小类之前，应先学懂弄通该标准的所有类别的说明，不能将称谓有差异的小类，予以草率扩展。

（2）对于未列入标准但需要扩展管理的部件和事件小类，先确认扩展小类所属的大类，并将其归入该大类；对于不能归大类的，则归入"其他部件"或"其他事件"大类里，顺序编排。

（3）凡扩展的小类都应按照该标准要求编排代码。扩展的小类在对应的大类下从 99 开始倒排编码，比如 99 为扩展的第一个部件（事件）小类，98 为第二个扩展的部件（事件），依此类推从 99～80 倒排顺序编码。采取这种编码原则，可以通过汇总分析扩展部件和事件的属性，在修订完善该标准时，属于共性的，将其增加于标准小类中；属于个性的继续作为扩展类型保留，从而使该标准既适应共性需要，又满足个性化要求。

（4）应严格按照该标准对部件事件进行编码。若在实际应用中没有全部涵盖标准中给出的部件和事件类别，不允许将已剔除的、本地没有的类别的代码重新赋给其他小类，以免造成统计编码空置、对象不符等错误。

（5）应保证一个城市内所管理的部件和事件分类及代码的一致性。避免在同一个城市里不同区、县、市因所用部件、事件分类代码不一致，而造成信息共享困难、统计分析错误等矛盾和问题。

在从执行行业标准上升至执行国家标准时，部件和事件的分类代码调整工作应把握以下 3 点：

（1）国家标准规定"部件和事件的大类不得扩展"。因此，已经扩展大类的应取消，所包含的小类归类到国家标准规定的相应大类中。

（2）国家标准规定"80～99用于扩充的小类，而且采用倒排方式进行编排"。因此，扩展的小类也应重新编码。

（3）对于一个代码拆分成几个代码的情况，应酌情处理，例如立杆，应细分为电力立杆、通信立杆、公交立杆、特殊立杆和不明立杆等。

部件、事件分类代码调整，是一项繁杂且重要的系统性工作，既涉及部件标识码、部件图层数据和案件数据变更，又需要市、区（县市）同步进行、统一修改。因此，应科学分工，各负其责，协调配合，同步推进，扎扎实实地做好部件、事件分类代码调整工作。

第一、监督中心（用户方）的工作要点：

1. 根据该标准，对本地在行业标准基础上扩展的部件、事件，逐一按照国家标准确定新的所属大类代码、小类名称和小类代码。

2. 按照表3-8的格式整理成新旧代码对照表。该表中的示例为国家标准中调整了大类代码或小类代码的部件和事件，可供参考。

新旧代码对照表 表3-8

部件或事件	旧大类		旧小类		新大类		新小类	
	代码	名称	代码	名称	代码	名称	代码	名称
部件	05	房屋土地	01	宣传栏	03	市容环境	08	宣传栏
部件	01	公共设施	31	民用水井	01	公共设施	24	水井
事件	01	市容环境	02	暴露垃圾	01	市容环境	10	暴露垃圾
事件	05	街面秩序	07	乱堆物堆料	01	市容环境	36	乱堆物堆料
……	……	……	……	……	……	……	……	……

第二、系统建设商的工作要点：

1. 根据新旧代码对照表修改数据

（1）修改部件分类代码数据字典、事件分类代码数据字典。

（2）修改除立杆部件以外其他部件图层数据，将"部件标识码"属性中第7～10位修改为新的大类代码和小类代码。

（3）修改系统案件数据中部件/事件分类代码、部件标识码两个字段的值。

（4）修改固化统计数据（为提升系统性能而定期生成的统计或绩效评价结果）中部件/事件分类代码、部件标识码数据。

2. 修改"立杆"部件图层数据

国际标准将"立杆"细分为电力立杆、通信立杆、公交立杆、特殊立杆、不明立杆，因此需要对"立杆"部件图层数据进行修改。绝大部分立杆部件都可以根据属性中"主管部门名称""权属单位名称""养护单位名称"批量确定立杆的具体类型。对于少数无法确定具体类型的立杆，则需到现场勘察确定。

3. 修改数据交换子系统的相关内容

对于涉及市、区对接或与专业子系统对接的数字城管系统，需要根据对方系统分类代码是否同步修改进行相应处理。

（1）对方也同步升级分类代码，则不需要重新进行代码转换工作。

（2）对方未同步升级分类代码，则需要重新进行代码转换工作。

关于部件、事件分类代码调整工作，一般宜在下一轮部件普查更新时进行，使部件图层数据直接更新为最新普查获取的部件数据成果。

第七节　附　　录

该标准给出了四个附录，包括两个规范性附录，两个资料性附录。分别是附录 A 部件分类代码表，附录 B 部件图式符号，附录 C 事件分类代码表和附录 D 专业部门代码示例。其中，附录 A 和附录 C 是规范性附录。按照标准的规定，规范性附录就是标准正文的一部分，在实际工作中须遵照执行。附录 B 和附录 D 是资料性附录，在执行标准时可作为参考。

一、两个规范性附录使用说明

附录 A 部件分类代码表和附录 C 事件分类代码表，从名称上顾名思义，这是该标准对数字城管系统管理的部件和事件汇总表，部件包含了 5 个大类 121 个小类，事件包含了 6 个大类 83 个小类。

两个表均有 5 个字段，即大类代码、大类名称、小类代码、小类名称和说明。在使用时，首先，应确定该表是否涵盖了本地区所有需要数字城管管理的部件和事件类型，重点应读懂每类部件和事件的说明，尤其是对于本地称谓与该标准名称不同但实质内容相同的部件或事件，应按照该标准的名称执行。其次，对于本地存在的而标准中没有包括的部件或事件，需要进行扩展时，应先找到该部件或事件对应的大类，再在此大类下从 99 小类代码开始倒排增加进去，并将小类部件或事件名称、代码和说明补充完整。如果扩展的部件或事件不在该标准规定的大类中，则将部件归类到其他部件大类下，事件归类到其他事件大类下，并分别从小类代码 99 开始倒排。同时将扩展的部件或事件小类名称、代码和说明补充完整。

二、两个资料性附录使用说明

附录 B 是部件图式符号示例，附录 D 是专业部门代码示例，两个附录在该标准中都是资料性附录。附录 B 是参照其他国家标准和行业标准设计的部件小类专用图式符号，并给出了符号尺寸大小说明，主要是用于在数字城管系统中部件专题图层渲染展示。在实际应用中宜尽量使用此图式符号，也可自行设计。对于自行扩展的部件，须为其设计图式符号。

附录 D 专业部门代码示例，是通过以北京市东城区指挥中心派遣案件处置单位时所涉及的专业部门的清单为例，说明专业部门代码编制方法：

1. 将专业部门分为市级专业部门和区级专业部门，市级专业部门前 6 位为市行政区划代码，区级专业部门前 6 位为所在区行政区划代码。

2. 在市级和区级专业部门内分别确定后 4 位单位顺序号。

第四章　数字化城市管理信息系统
第3部分：地理编码

第一节　概　　述

　　地址是人们赋予城市中不同地理实体的名称，用于空间的相对定位，是生活交往中不可或缺的重要工具，也是数字城管部件和事件信息的重要载体。在城市管理中，每天发生的部件和事件问题无一不与地址息息相关。因此，在数字城管系统建设中，地理编码数据库是必须建设的基础数据库之一。其中，地址数据的采集、编码、入库，地理编码服务（引擎）等地理编码技术的应用等为数字城管实施精细化管理发挥了重要作用。

　　为规范地理编码及其应用，编制了国家标准《数字化城市管理信息系统　第3部分：地理编码》GB/T 30428.3—2016，于2016年8月由国家标准化管理委员会批准发布，自2017年3月1日实施。

　　该标准共分前言、引言、正文和附录等四部分。正文共分7章，29条，24款。

　　该标准主要规定了数字城管地理编码的一般要求、基本地点数据内容、地理编码规则和数据质量要求等内容。

　　该标准适用于数字化城市管理信息系统基本地点数据的采集、地理编码及应用。城市的其他管理应用可参照执行。

第二节　术　　语

　　该标准定义了地点、定位描述、地理编码、基本地点数据、地名、门（楼）牌、地片、区片和兴趣点等9个术语。

一、地点

　　数字城管部件所在地或事件发生的地方与场所，亦或解释为事发位置。这个位置在数字城管地理信息系统地图上可以是一个点、线或面。

二、定位描述

　　使用规范化语言对地点的地理位置所作的陈述。其规范化语言的含义，见本章第6节的解读。

三、地理编码

　　在百度百科上，"地理编码"定义为"为识别点、线、面的位置和属性而设置的编码，它将全部实体按照预先拟定的分类系统，选择最适宜的量化方法，按实体的属性特征和集合坐标的数据结构记录在计算机的存储设备上"。而该标准，将"地理编码"定义为"建立地点描述与坐标的对应关系"，既是一个编码过程，也是一个编码结果。通俗地讲，地理编码就是通过一个地址名称或者地址的定位描述，即可确定其所在的具体空间位置。

四、基本地点数据

在描述一个地址的时候，我们通常会说"青龙胡同职工培训学校东侧 100m"，这里面包括大家都熟知的地点"青龙胡同"、"职工培训学校"，以这些熟知的地点作为参照，加上方位（东侧）和距离（100m）来说明，就能够很快确定位置。因此，地理编码离不开"基本地点数据"。"基本地点数据"定义为"为进行地点定位而采集的地理编码参照数据"。

基本地点数据有大有小，大到一个省、一个市，小到一个门牌、一个兴趣点。基本地点数据可以是区域，比如常州市就可以理解为一个行政区域，也可以是县或乡、地片、区片，还可以是一个门牌，或是一个兴趣点，它们在空间上都代表着一定的范围或是一个具体的点位置。在实际应用中，一般将"基本地点数据"简称为"地点"。

五、地名

人类给地理实体赋予的专有名称。它既包括自然地理实体，如山、河、湖、海、岛礁、沙滩、岬角、海湾、水道、地形区等名称；国家规定的行政区划实体名称，如各级行政区域和各级人民政府派出机构所辖区域名称；居民地名称，如城镇、区片、开发区、自然村、片村、农林牧渔点及街、巷、居民区、楼群（含楼、门号码）、建筑物等名称；各专业部门使用的具有地名意义的台、站、港、场等名称；还包括名胜古迹、纪念地、游览地、企业事业单位等名称。

六、门（楼）牌

在我国一般是由民政部门负责管理编制"以院落、独立门户、楼宇等编号为主题的地名标识"。包括门牌、楼牌、单元牌、户（室）牌。

七、地片

在城市的地点中，"有地名意义的区域"，称之为地片。它们表现在地图上就是一个面状的区域。

八、区片

在城市的地点中，"城镇居民点内部的区域"称之为区片。一般泛指一个固定位置的区域。

九、兴趣点

除城市里的上述各类名称之外，该标准还将"具有地理标识作用的店铺、公共设施、单位或建（构）筑物等"作为地点的参照物，一般称之为兴趣点。这些点位包括店铺、字号牌匾、车站、单位、桥、喷泉等，都可以起到地理标识的作用。它在地图上表达的就是一个点状信息，用一个点描述其所在位置。兴趣点的缩写 POI 来自英文 point of interest

首字母。

通过对以上各种地址名称基本地点的定义，就可以将部件或事件的位置逐级缩小范围，先是确定到面（即区域，省、市、区，或地片、区片），再确定到线（街、巷、路），最后确定到一个点（门楼牌或兴趣点）。这也符合人们对于地理位置的认知习惯。

第三节　一般要求

本节对基本地点数据类型、数据可扩展性、名称与坐标联系、地名溯源、坐标系、定位精度、基本属性及属性扩展等作出规定。

一、基本地点数据类型

地点是数字城管系统中最常用的地址描述，也是部件和事件的定位依据。因此该标准规定，地址数据类型可包括区域、地片、区片、街巷、门（楼）牌和兴趣点等地名。

二、地点名称与其对应的坐标联系

该标准规定，要在地理编码数据库中，建立地点名称与其对应坐标的联系。

三、保存地名的历史数据

随着城镇建设发展和时代变迁，有些地点名称可能会随之发生变化，从而产生地点名称根据需要予以改名的问题。对此，该标准规定"应保存地名的历史数据，并可溯源"。其含义是，对地点名称数据应有更名记录，应对原始地名数据进行保护，在地理编码数据库中保留地名的历史数据，应能反映地名的历史沿革，这样当人们无论使用哪个时代的名称进行位置查询时，都能够通过对地名数据的历史溯源，实现对城市中地点位置精准定位的目的。

四、地点数据采用的坐标系

该标准规定，地点数据应采用与单元网格、管理部件和事件一致的、所在城市基础测绘的坐标系。

五、地点数据的定位精度

该标准对其所依托的地形图比例尺未作明确要求，但是规定"基本地点数据定位精度应与城市 1∶500～1∶2000 基础地理数据相匹配"，这是根据数字城管运行的实践经验总结提出的。

六、地点数据基本属性项的内涵与扩展

该标准规定，地点数据的基本属性项至少要包含地点名称、地点名称采集的初始时间、变更时间等。各城市可根据当地管理需求，自行扩展基本地点数据的属性项内容，但扩展的属性项不能修改该标准基本属性项规定的内容，扩展的内容应排在该标准规定的基本属性项后面，并按顺序排列。

第四节　基本地点数据内容

该标准规定了城市地址数据进行普查采集时，应采集的数据类型、数据采集方法、数据在地图上的呈现形式、不同类型数据其基准的空间定位点、地址数据属性项的调查内容等。这些数据的采集、整理和建库，既有共性的规定也有个性的要求。

一、标识码

在数字城管系统地理编码数据库中，与单元网格、管理部件和事件一样，每个地点都必须有惟一的标识码。标识码由15位数字组成，依次为：6位县级及县级以上行政区划代码，3位街道（镇、乡）代码，6位地理编码数据的顺序码。标识码结构如图4-1所示。

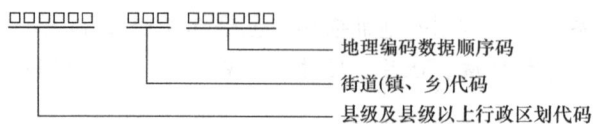

图4-1　标识码结构图

第1~6位县级及县级以上行政区划代码，直接按照现行国家标准《中华人民共和国行政区划代码》GB/T 2260的规定执行。第7~9位街道（镇、乡）代码，采用当地有关部门依据现行国家标准《县以下行政区划代码编码规则》GB/T 10114所发布的代码。若街道（镇、乡）代码尚未发布的城市，需按照上述规范和本文件规定进行编码。第10~15位地理编码数据顺序码，在街道（镇、乡）范围内，一般按照自北向南、从西向东的次序，由阿拉伯数字000001开始，到999999顺序进行编码。

举例：北京市东城区交道口街道第一个地理编码数据标识码为：110101003000001。

二、地点空间表示和定位点

地点在地理空间上的表示，也就是在地形图上呈现的形式分别为面状、线状和点状。具体来说就是区域、地片与区片数据呈现的是闭合多边形的面，街巷数据是以从路的起点到终点的中心线，门（楼）牌和兴趣点则是点状。

（一）面状基本定位点

面状的地点包括各级行政区域、社区（村）、单元网格、地片和区片，这些地点的定位点需要根据类型分别确定。

1. 行政区划。定位点放在该地区最高行政管理部门驻地。比如某地级市，其定位点就是该市政府所在的位置。如果是一个街道，定位点为街道办事处机关所在地。如果是社区（村），其定位点就放在社区（村）居委会所在地。

2. 单元网格。一般是一个不规则的多边形，其定位点为其几何中心。

3. 地片和区片。如居民小区、功能区，独立单位和院落等。大部分都是有明显的范围边界，可以沿其边界勾勒出多边形面状，那么该地点的定位点就是其几何中心。但有的地片无明显的边界范围，也可以用点表示。

（二）线状基本定位点

线状的地点，主要是指街巷，包括街、大街、路、巷、胡同、里、弄和条等。其空间表现形式都是一条有起止点的线。线状地点的定位中心就是街巷中心线的中点位置。

（三）点状基本定位点

点状的地点，主要包括门（楼）牌和兴趣点。中心定位点就是点本身坐标。

三、各类地点数据属性项要求

地点基本属性项根据不同类型数据，确定其对应的数据内容、数据结构和字段代码等。该标准以表格形式，详细说明了每类地点属性项的内容，这些内容填写的正确与否直接关系该地点数据是否可用。因此，在地址数据普查中，对于面状地点应能勾勒出其大致的四至范围；线状数据应准确依照其起点和终点施画；点状的数据要给出坐标值。这些数据都需要实地勘察获取，而且要保证每年根据城市现状，对发生变化的地点数据进行增、删和修改更新。该标准除对属性表每个字段的定义予以详细说明外，还在附录A中，给出每类地址数据的具体示例，在实际工作中可以据此做好本地区的地址数据普查，完善地理编码数据库。

在属性表中规定了每个字段的约束条件，M表示该字段为必填项目，C为如果满足其条件则必须要填写，属于一定条件下的必填项，O是可以填写也可以不填。建议在使用中慎重选择，既然已经进行了数据普查，就要考虑到数据的累积是一笔财富，数据资源在未来的城市管理中一定会发挥巨大作用，因此我们在原始积累中应尽量使之能采尽采，尽量把属性内容填写完整，方便以后数据的分析和挖掘，数据越完善就对数字城管系统未来的智慧应用与发展越有利。

第五节 地理编码规则

该标准规定可以通过定位信息、方位信息和参照物等要素的结合，实现对数字城管部件和事件问题的快速定位。换言之，就是在多类型的地点数据中，找到最佳的地址匹配组合规则，使之能够使用规范化语言对部件或事件的事发地点的地理位置所作的陈述准确和清晰。

与地理编码相配套的工具是地理编码服务（引擎），它包括正向地理编码服务和反向地理编码服务。

（一）正向地理编码

实现将地址或地名描述转换为地球表面上的相应坐标位置的功能。正向地理编码提供的专业和多样化的引擎以及丰富的数据库数据使得服务应用十分广泛，在位置服务、资产管理、规划分析、供应物流管理和移动端输入等方面为用户创造无限的商业价值。

（二）反向地理编码服务

实现将地球表面的地址坐标转换为标准地址的过程，反向地理编码服务提供了坐标定位引擎，帮助用户通过地面某个地物的坐标值来反向查询得到该地物所在的行政区域、所处街道以及最匹配的标准地址信息。通过丰富的标准地址库中的数据，可帮助用户在进行移动端查询、商业分析、规划分析等领域创造无限价值。

地理编码规则主要有两种，一是用最小位置定位，二是通过几种地点组合定位。

一、地点定位要求

地点中区域、地片与区片是面状数据，街巷是线状数据，往往不能通过其中一个地点数据准确定位事发位置。而门（楼）牌和兴趣点却能够将位置准确到一个点上，也就是空间上的一个具体坐标点。因此，该标准要求"宜优先基于门（楼）牌数据或兴趣点数据进行地点定位"。

地图上任何一个点，都可以找到与之最为相近的一至几个门（楼）牌或兴趣点。门（楼）牌通常是一组数据沿线连续分布，或是不区分奇偶单侧连续分布，或是区分奇偶两侧连续分布，因此可以按照门（楼）牌号插值进行概略定位，比如广渠门内大街 88 号和 99 号之间，也可以说广渠门内大街 88 号西侧 100m。

兴趣点则是一个独立的点，或是一个门头的小点位，比如全聚德，通常指的是店招牌所在位置，一般习惯以兴趣点为参照物结合方位和距离来描述事发位置。

该标准给出了五种类型的基本地点数据的使用方式：

（1）门（楼）牌可按标牌位置或标识码实现定位；

（2）兴趣点可按名称或标识码实现定位；

（3）街巷宜按其名称或标识码实现定位；

（4）地片与区片可按其名称或标识码实现定位；

（5）区域可按其名称或代码实现定位。

二、分段组合规则

（一）定位描述表达方式

定位描述用符号来表示可以表达为：

［区域地名|地片/区片/街巷/门牌/楼牌|（方位）|兴趣点|（方位）|（补充说明）］

可简化表达为：

［基本地点|（方位）|（补充说明）］

上述表达方式中：

（1）符号 ［］ 表示定位描述内容；

（2）符号|表示分段；

（3）符号/表示或者；

（4）符号 （） 表示可选内容。

（二）基本地点描述分段

基本地点描述的分段应符合以下规定：

（1）区域名称按［市|区/县|街道/镇/乡|社区/村］分段；

（2）地片与区片按［市|区/县|街道/镇/乡|地片/区片］分段；

（3）街巷按［市|区/县|街巷名称］分段；

（4）门牌名称按［门牌上的街巷名称/门牌上的地片名称/门牌上的区片名称|顺序号|号/院］分段；

（5）楼牌名称按［楼牌上的街巷名称/楼牌上的地片名称/楼牌上的区片名称|顺序号|号/楼］分段；

（6）兴趣点名称按［地片/区片/街巷/门牌/楼牌|兴趣点名称］分段。

（三）定位描述和补充说明

定位描述中方位描述宜为东/南/西/北/东南/西北/东北/西南/前/后/左/右/上/下/

内/外/旁/相向/相邻等，亦可按需要扩展。

定位描述中补充说明是与基本地点相对地理位置关系的描述。

三、定位描述分段与组合示例

区域定位描述分段与组合示例见表4-1。

区域定位描述分段与组合示例　　　　　　　　　　表4-1

序号	区域定位描述分段与组合	代码
1	北京市　东城区	110101
2	北京市　东城区　安定门街道	110101　004
3	北京市　东城区　安定门街道　钟楼湾社区	110101　004　006
4	北京市　东城区　安定门街道　国子监社区　第十个单元网格	110101　004　005　010

基于门（楼）牌的定位描述分段与组合示例见表4-2。

门（楼）牌的定位描述分段与组合示例　　　　　表4-2

序号	门牌与楼牌定位描述模式	门牌与楼牌定位描述分段与组合
1	市　区　地片　门牌　方位	北京市　东城区　宽街　东单北大街106号　西侧
2	市　区　门牌　方位	上海市　黄浦区　泰康路210弄田子坊　内
3	门牌　方位　补充说明	睦南道155号　北　100m
		同福夹道4号院　内　西北角
		闻喜路616弄　西侧　第6个
4	门牌　方位	东单北大街106号　向西
		炮局胡同7号院　对面
		东四五条128号　左
		西钩玉弄106弄-1-3号　内
		东四五条42号　右
		东直门南小街159号　旁
		柏树胡同18号　前
5	楼牌　方位	北官厅2号楼　西北角
		貌川里3栋　楼顶
		骑河楼5号楼　前
6	楼牌　方位　补充说明	西康路72号楼　北　第2排
		常德路23号　西侧　200m

基于兴趣点的定位描述分段与组合示例见表4-3。

基于兴趣点的定位描述分段与组合示例　　　　　表4-3

序号	兴趣点定位描述模式	兴趣点定位描述分段与组合
1	兴趣点	地铁13号线 柳芳站A出口
2	街巷　方位　兴趣点　方位	新中东巷　南口　公用厕所　北侧
3	区片　兴趣点　方位	交通社区　长和大厦　前
		民旺社区　煤气站　东侧

序号	兴趣点定位描述模式	兴趣点定位描述分段与组合
4	街巷　兴趣点　方位	东四北大街　邮局　前
		炮局胡同　市公安局　门口
		民安街　区园林局　西北侧
		东直门南小街　工商银行　旁
		安定路　顺天府超市　门前
		东厂胡同　富豪宾馆　后门
		兴化路　银杏园菜馆　北侧
		东四北大街　华普花园　旁
		青龙胡同　职工培训学校　东侧
		东四北大街　朝内菜市场　右
		香河园路　自来水公司　左侧

第六节　数据质量要求

根据地理编码规则，可以使地面上的任意点都能找到合适的地点作为参照进行空间定位。地理编码的定位精度是否符合要求，取决于地点的密度和精度。因此，该标准对于数据质量规定了采集密度、位置精度和数据属性项要求。

数据质量要求具体包括坐标系、数据内容、数据精度和采集密度等四方面。

一、坐标系

地点数据应采用所在城市基础测绘的坐标系。

二、数据内容

应按照五种地点类型分别填写相应的属性值，需要按照规则确定标识码，属性值的正确率不应低于95%。地址数据普查后，要专门组织相关人员对数据质量进行验收，对经检查发现的属性内容遗漏和错误的必须予以补充和修正，以保证地理编码的正确性。

三、数据精度

（1）门（楼）牌、兴趣点等数据的平面位置中误差不应超过±2.0m。
（2）线状数据、面状数据的位置精度应符合数据采集的要求。

四、采集密度

采集密度与采集区域相关，而采集区域又和管理区域密切相关。采集区域类别按表4-4划分。

数据采集区域类别划分表 表4-4

序号	区域类别	说明
1	一类区域	核心区、人流密集区、商业区、重点街道和重点旅游景区
2	二类区域	一般城区
3	三类区域	城乡接合部、拆迁区和权属未移交区等

基本地点数据采集密度应符合以下规定：

（1）一类区域相邻门（楼）牌、兴趣点数据间隔不得大于 5m，即在核心区等一类区域内的地址数据采集密度应每隔 5m 就要有一个地点数据。

（2）二类区域相邻门（楼）牌、兴趣点数据间隔不得大于 15m，即在一般人口密度相对少的城区，如开发区，其地址数据的采集至少应该每 15m 有一个地点数据。

（3）三类区域相邻门（楼）牌、兴趣点数据间隔宜小于 30m，即在数字城管覆盖的城乡接合部或者村镇等区域，地址数据至少应该每隔 30m 有一个地点数据。

五、质量验收

该标准要求对地点数据应进行验收。按照上述四方面进行数据质量检查，实地勘验采集密度是否达标，地点数据是否准确，验收后需要形成地理编码数据质检报告，包括成果清单、技术文件和数据质量检查结论等。

第七节　附　　录

该标准共有 3 个附录，分别是附录 A 基本地点数据示例、附录 B 标识码编码规则和附录 C 定位描述分段与组合示例。其中附录 B 是规范性附录，附录 A 和 C 是资料性附录。

本章第四节已对附录 B 具体编码规则予以解读。

附录 A 是对 5 类地点基本属性数据进行示例说明，指导正确填写对应的地点属性信息。

附录 C 包含 3 个示例，C.1 区域定位描述分段与组合示例；C.2 基于门（楼）牌的定位描述分段与组合示例；C.3 基于兴趣点的定位描述分段与组合示例。分别给出在地理编码中进行地理描述分段和组合的方法。

第五章　数字化城市管理信息系统
第4部分：绩效评价

第一节　概　　述

数字城管监督指挥中心按照政府赋予的职能，依据相关国家标准，对实施数字城管的区域、专业部门、岗位人员的履职情况和工作绩效进行考核评价。绩效评价方法是，按照国家标准规定的评价指标体系，基于数字城管系统运行数据，自动生成对评价对象案件处置状况的考评结果。数字城管的考评结果，一般应纳入地方政府的绩效考核、行政效能监察指标体系。绩效评价是检验一个城市数字城管运行状况的标尺和试金石。正确运用绩效评价方法，建立科学合理的综合绩效评价考核体系和考核机制，切实使用好评价结果，就能够有效驱动核心动力机制，保障数字城管健康可持续发展，进而全面提升城市管理质量与效率。

为了规范绩效评价工作，建立科学、合理、公开、公正的考核评价指标体系，编制了《数字化城市管理信息系统　第4部分：绩效评价》GB/T 30428.4—2016，于2016年8月由国家标准化管理委员会批准发布，自2017年3月1日实施。

该标准共分前言、引言、正文和附录等四部分。正文共分9章，23条，28款。

该标准规定了数字化城市管理绩效评价的基本规定、基本要求、评价对象、评价周期、评价指标、评价方法、评价实施与保障以及外部评价等。

该标准适用于运行数字城管的城市，对监管区域、专业部门和岗位工作绩效进行评价。城市其他管理应用可参照执行。

第二节　术　　语

该标准共收入了15个术语，包括监督中心、指挥中心、监管案件信息采集监督员、受理员、值班长、派遣员、责任网格、工作时限、处置时限、监督举报、绩效评价、区域评价、部门评价和岗位评价。以下重点解读7个术语。

一、监督中心

全称为"数字化城市管理监督中心"。该标准将其定义为"按照数字化城市管理的监管需求，实现城市管理问题信息收集、审核立案、核查结案及管理绩效综合评价等职能的单位"。监督中心一般应设置为隶属地方政府的独立法人机构，依据政府授权实施对数字城管覆盖区域、专业部门和相关岗位人员的绩效评价。

二、绩效评价

定义：按照设置的评价指标，对区域、专业部门和岗位工作业绩进行的评价。

其评价方法包括内评价和外评价。

三、区域评价

定义：对市、区（县）、街道（镇、乡）、社区（村）、监督员工作网格和单元网络等不同区域案件发生和处置情况进行的评价。

一般按下管一级原则实行区域层级管理考核评价。

四、部门评价

定义：对涉及数字城管部件和事件的专业部门处置案件情况进行的评价。

一般按下管一级原则对下级管理部门或维护单位进行考核评价。其评价指标包括处置数量、类别、处置效能等。

五、岗位评价

定义：对监督员、受理员、值班长、派遣员等岗位工作业绩进行的评价。

一般按实际管辖进行考核评价。

六、工作时限

定义：在数字化城市管理的业务流程中，每个阶段从工作开始到完成所限定的时间段。

在数字城管系统的综合评价子系统中，若达到规定质量指标，则"工作时限"与评价结果为正相关关系，即工作时限越短评价结果越好。

七、监督举报

定义：除监督员上报外，通过其他途径（电话、互联网、媒体、自媒体、物联网、领导批示和信访等）反映的部件和事件问题。

这一术语和定义与"公众举报"相比，扩大了监督的主观内涵，增加了监督渠道，特别是"自媒体、物联网、互联网"等监督途径的加入，不仅拓展了监控范围，而且充分体现了高新技术对城市管理工作的支撑作用。

第三节 基 本 规 定

本节对绩效评价的系统支撑、评价类别和数据要求等问题进行解读。

一、系统支撑

数字城管的综合评价子系统是支撑数字城管绩效评价体系的关键。因此该标准明确规定"已运行的数字化城市管理信息系统应具有绩效评价功能"，并且能够通过系统功能实现对各类评价对象的实时评价，获得完整、准确的绩效评价结果。

二、评价类别

数字城管绩效评价分为区域评价、部门评价和岗位评价。对每一种绩效评价，都应根据当地数字城管工作的需求，分别采用不同的评价指标和分值、权重，通过指标整合应用，形成绩效评价考核结果。该标准根据城市管理的实际情况，明确数字城管绩效评价宜分为三个方面：

（一）区域评价

区域评价包括对市、区（县）、街道（镇、乡）、社区（村）、责任网格和单元网格等不同区域案件发生和处置情况进行的评价。

区域评价的主体是市、区（县）、街道（镇、乡）、社区（村）等行政区域。对责任网格和单元网格等不同区域案件发生和处置情况进行的评价，一般分三类：

（1）一类区域为核心区，包括党政军机关和重要单位所在地周边、商业繁华区域、主要文体教育场所周边、主要交通场站点及周边、星级酒店周边、重点街道、主次街干道和重点旅游风景名胜景区、人流密集区、城市居民人口密集居住区等。

（2）二类区域为一般城区，包括居住人口较少的居民区及周边、城市背街小巷等。

（3）三类区域为城乡接合部、拆迁区和权属未移交区，也包括纳入监管区域的农村地区等。

（二）部门评价

部门评价是指对专业部门处置案件情况进行的评价。部门评价应包括对涉及部件和事件管理的各级专业部门及其下属养护单位的评价。

（三）岗位评价

岗位评价包括对监督员、受理员、值班长、派遣员等岗位工作业绩进行的评价。岗位评价应按照《城市市政综合监管信息系统　监管案件立案、处置与结案》CJ/T 315—2009和当地监督指挥手册规定设置的相关指标进行评价。

三、数据要求

数字城管绩效评价的数据来源，主要是监督员在责任网格内巡查采集信息上报和公众监督举报的问题信息，通过数字城管业务流程的各不同岗位办理、处置流转后，形成了一套完整的数据链。实施区域、部门、岗位评价，需要通过系统中设置的指标和指标权重生成的不同数据作为评价的支撑。

绩效评价的数据，应按照系统建设和运行的其他标准和规定来执行，以保证评价结果符合并满足标准规定。如用于区域评价的单元网格数据应符合《数字化城市管理信息系统第1部分：单元网格》GB/T 30428.1—2013的规定；用于评价的管理部件和事件数据应符合《数字化城市管理信息系统　第2部分：管理部件和事件》GB/T 30428.2—2013的规定；用于信息采集阶段的数据应符合《数字化城市管理信息系统　第7部分：监管信息采集》GB/T 30428.7的规定；用于立案、处置与结案阶段的数据应符合《城市市政综合监管信息系统　监管案件立案、处置与结案》CJ/T 315—2009的规定等。

第四节　评价周期

该标准规定的评价周期包括固定评价周期和自定义评价周期。数字城管绩效评价，应根据工作的实际需要，科学合理的进行统计分析和评价。

一、固定评价周期

该标准规定绩效评价按照日评价、周评价、月评价、季评价、半年评价、年评价等6种周期进行评价。

（1）日评价，一般用于对信息采集效能进行统计分析，着重发现监督员的有效上报率、巡查频次、监督员上岗在线人数等方面的问题，及时分析问题成因，采取有效措施，加强监督和管理，不断提高信息采集工作质量与效率。

（2）周评价，是日常管理中使用较多的一种评价周期。一般用于对专业部门案件处置、信息采集公司、平台案件办理质量和效率的评价。通过对一周专业部门的绩效评价，可发现超期未处置、超期处置和返工案件等问题；通过分析评价可发现一周内采集公司管理中存在的不足，如漏报情况、监督员上岗情况等；通过分析评价平台岗位人员立案、派遣、发送核查指令等，可发现岗位人员案件办理存在的问题。通过周报形式将评价分析的数据结果、问题原因、建议措施等分析报告传递给采集公司、相关专业部门、平台管理单位等，促使问题责任主体了解问题及原因、落实工作措施，解决存在问题，提升工作效能。

（3）月评价，是应用最多最广的评价周期。一般城市都采用月度考评制度，由数字城管监督指挥中心全面总结分析当月数字城管工作运行情况，依据综合评价系统生成的结果，分别对管理区域、专业部门、岗位人员的工作绩效进行考核评价。绩效评价结果，一般都通过内、外两条渠道予以发布。对外，通过媒体公布考评结果，形成良好社会氛围，推动数字城管工作；对内，将考评结果发送至相关区域和专业部门。通过月度评价考核，表扬先进、鞭策后进、提升运行效能。同时，将月度评价结果及其分析报告报送地方党委、政府主要领导和分管领导，既能引起上级领导对数字城管工作的关注，又可以为领导实施城市管理决策提供相关的数据依据。

（4）季度评价，是政府或行业主管部门常用的数字城管工作评价周期。有许多城市的政府主要领导或分管领导每个季度组织召开一次数字城管工作点评会，总结阶段性工作进展情况，协调化解疑难案件，发现并解决带有倾向性的矛盾和问题。排名季度绩效评价结果末位的区域和专业部门主要领导，须认真检讨其履职情况，并作出关于整改措施的报告。

（5）半年评价，一般各评价对象都要结合半年工作总结对数字城管工作进行回顾和检查，通过对半年工作进行绩效评价，掌握了解半年度系统运行质量与效率，对重要疑难案件、挂账案件、延期缓办案件进行认真梳理，实行分类指导，分别研究制定切实可行的解决方案，真正做到通过半年评价发扬成绩，纠正错误，保障数字城管高质量、高效率健康运行。

（6）年评价，是数字城管的重要评价周期。各区域、专业部门和相关工作岗位，都要对照年初确定的各项年度工作指标，对各自履职情况进行自我总结和检查考核。在此基础上，各"块块"和"条条"按管理权限和考核程序，对下一级单位、岗位人员的工作绩效进行考核评价。按照政府授权，监督指挥中心应对各区域和专业部门全年数字城管体制机制建设及系统运行情况进行全面总结，并且做出客观、公正的绩效评价结果。地方党委、政府对年度考评先进单位，予以精神和物质奖励；对排名末位的，则给予效能监察并纳入领导班子和领导干部综合考核评价体系，以启动核心动力机制，推动数字城管事业健康可持续发展。

二、自定义评价周期

对实施数字城管的城市，除按照规定的评价周期进行绩效评价外，还可以满足实际工作需要为出发点，通过固定评价周期与自定义评价周期的有机结合，适时进行绩效评价，做出评价结果报告。

（1）通过采用自定义评价周期，能够更加符合实际工作需要，满足经常性、阶段性、特殊性评价结果的需求。为了满足自定义评价，数字城管系统应具备自定义统计时间、类别、区域、部门、岗位并自动生成评价结果的功能。

（2）自定义评价周期是为了便于根据实际需要而确定的评价周期。评价周期不应少于一天，评价周期计时为起始日0时0分0秒至截止日23时59分59秒。也可以由各地区自行定义计时时点。

第五节　评价指标

本节规定了绩效评价的基本指标、比率指标、综合指标以及指标扩展和指标应用等。

一、绩效评价指标

绩效评价指标包括基本指标、比率指标和综合指标。

（一）基本指标

1. 基本指标是指在数字城管闭环业务流程中各个环节的指标要求，由上报、立案、派遣、处置、核查和结案等阶段的指标组成，即上报数、立案数、派遣数、处置数等，是对各区域、部门、岗位工作任务予以量化的指标体现。

2. 基本指标是由数字城管系统记录的监管案件数据汇总生成的单项评价指标，主要反映数字城管的工作数量和质量。

3. 各项基本指标的名称及说明在该标准中都有明确的定义及说明。该标准规定了26项基本指标，其名称和说明见表5-1。

评价基本指标名称及说明表　　　　　　　　　　　　表5-1

序号	指标名称	指标说明
1	监督员上报数	监督员巡查上报的部件和事件问题数
2	监督举报数	监督举报的部件和事件问题数
3	应核实数	监督举报数中，应核实的部件和事件问题数
4	问题总数	监督员上报数与监督举报数之和
5	监督举报核实数	监督举报数中，经监督中心核实立案的案件数
6	按时核实数	监督员在规定的工作时限内完成核实的问题数
7	受理数	受理员接收、登记的监督员上报和监督举报问题总数
8	核实按时派发数	受理员在规定的工作时限内完成的核实派发问题数
9	核查按时派发数	受理员在规定的工作时限内完成的核查派发案件次数
10	立案数（应派遣数）	经审核后符合立案条件，确定立案并应派遣给专业部门处置的案件数
11	按时立案数	立案数中，值班长在规定的工作时限内予以立案的案件数
12	准确立案数	立案数中，值班长按照工作要求立案无误的案件数

序号	指标名称	指标说明
13	派遣数（应处置数）	应派遣数中，派遣员实际派遣给专业部门处置、专业部门按照处置规范要求应该完成处置的案件数
14	按时派遣数	应派遣数中，派遣员在规定的工作时限内派遣给专业部门处置的案件数
15	准确派遣数	派遣员按照派遣规则正确派遣给专业部门处置的案件数
16	处置完成数	应处置数中，专业部门应按处置规范要求完成处置的案件数
17	按期处置完成数	应处置数中，专业部门按照处置规范要求，在处置时限内完成处置的案件数
18	漏报数	经确认的监督员应上报而未上报的问题数
19	应核查数	由受理员派发核查的次数
20	核查数	应核查数中，监督员已完成现场核查并回复的次数
21	按时核查数	监督员在规定的工作时限内完成核查并回复的次数
22	应结案数	立案数中，应按照时限和处置规范结案的案件数
23	结案数	应结案数中，已办结归档的案件数
24	按期结案数	应结案数中，在规定的时限内结案的案件数
25	按时结案数	结案数中，值班长在规定的工作时限内办结归档的案件数
26	返工数	未通过核查而发回专业部门重新处置的案件数

（二）比率指标

（1）比率指标，是指某一具体指标在"量"的基础上的延伸，包括立案率、处置率、结案率等。比率指标是反映各区域、部门、岗位单项工作绩效的依据。

（2）比率指标，由若干个相关基本指标在同一评价周期按照一定的计算公式计算得出，其最后取值以百分数表示，主要反映数字城管的工作质量。该标准规定的比率指标，都是在绩效评价综合计算中涉及的规定指标。比率指标的计算结果，式中计算因子的取值，一般精确到小数点后两位。当分母项为 0 时，不计算该项值。

（3）比率指标的名称及计算公式在该标准中都有明确表示。该标准规定了 16 项比率指标，其名称及计算公式见表 5-2。

评价比率指标名称及计算公式　　　　　　　　　表 5-2

序号	指标名称	计算公式
1	监督员有效上报率	监督员有效上报数/监督员上报数×100%
2	监督举报率	监督举报核实数/立案数×100%
3	漏报率	漏报数/立案数×100%
4	核实按时派发率	核实按时派发数/应核实数×100%
5	核查按时派发率	核查按时派发数/应核查数×100%
6	按时立案率	按时立案数/立案数×100%
7	准确立案率	准确立案数/立案数×100%
8	按时结案率	按时结案数/结案数×100%
9	按时派遣率	按时派遣数/应派遣数×100%
10	准确派遣率	准确派遣数/应派遣数×100%
11	按期处置率	按期处置数/应处置数×100%
12	按时核实率	按时核实数/应核实数×100%

序号	指标名称	计算公式
13	返工率	返工数/应结案数×100%
14	结案率	结案数/应结案数×100%
15	按期结案率	按期结案数/应结案数×100%
16	按时核查率	按时核查数/应核查数×100%

（三）综合指标

综合指标，是指从基本指标和比率指标中选取部分评价指标，通过加入不同的权重运算生成的评价指标。综合指标分为区域综合指标、部门综合指标和岗位综合指标。3种综合指标计算公式如下：

1. 区域综合指标

一类管理区域评价综合指标值＝监督举报率分值×10%＋立案数分值×30%＋结案率分值×30%＋按期结案率分值×30%

二类管理区域评价综合指标值＝监督举报率分值×20%＋立案数分值×40%＋结案率分值×40%

三类管理区域评价综合指标值＝立案数分值×60%＋结案率分值×40%

2. 部门综合指标

部门综合评价指标值＝立案数分值×10%＋结案率分值×30%＋按期处置率分值×30%＋返工率分值×30%

3. 岗位综合指标

监督员综合指标值＝监督员有效上报率分值×40%＋漏报率分值×20%＋按时核实率分值×20%＋按时核查率分值×20%

受理员综合指标值＝受理数分值×40%＋核实按时派发率分值×30%＋核查按时派发率×30%

值班长综合指标值＝按时立案率分值×25%＋准确立案率分值×40%＋按时结案率分值×35%

派遣员综合指标值＝派遣数分值×20%＋按时派遣率×40%＋派遣准确率×40%

上述综合指标不是固定不变的，各地可结合实际需要，选取相应的指标和加权权重，形成能够促进工作进步的综合指标。

二、指标组成

基本指标在数字城管业务流程6个环节的分布情况为：信息采集阶段7项、案卷建立阶段5项、任务派遣阶段3项、任务处理及反馈阶段3项、核查结案阶段8项。

比率指标的分布情况为：信息采集阶段4项、案卷建立阶段3项、任务派遣阶段2项、任务处理及反馈阶段2项、核查结案阶段5项。

三、扩展指标

该标准给出的基本指标和比率指标，是评价数字城管运行效果的必选指标。该标准还作为示例，在附录 A.1 和 A.2 中分别给出了 15 项其他基本指标和 16 项其他比率指标，各地可根据实际情况在这些其他指标中予以选取，还可以结合实际应用需要，自行扩展基本指标和比率指标，以便更好地实现对数字城管运行效果的分析和应用。扩展基本指标示例见表 5-3。

扩展基本指标示例   表 5-3

序号	指标名称	指标说明
1	监督员有效上报数	监督员上报数中，经监督中心审核立案的案件数
2	超期处置完成数	应处置数中，专业部门完成处置所用时间超过规定处置时限的案件数
3	超期未处置完成数	应处置数中，专业部门在评价周期内超过规定处置时限仍未完成处置的案件数
4	派发核查数	应核查数中，受理员实际派发核查的次数
5	超期结案数	应结案数中，超出规定的结案时限后结案的案件数
6	反复发案数	在同一区域发生的同一类型的案件数
7	延期数	经核定同意专业部门延期办理的案件数
8	返工次数	因未通过监督中心核查而发回专业部门重新处置的所有案件返回的次数之和
9	挂账数	因责任不明无法派遣或因客观条件所限无法处置，暂时挂起的案件数
10	同类案件平均处置时间	专业部门完成某类案件处置的平均花费时间，等于该类案件完成处置所用时间之和与已完成处置案件总数之比
11	驳回数	专业部门申请退回，被指挥中心驳回继续处置的案件数
12	巡查路线长度	监督员实际巡查的路线长度
13	巡查应覆盖路线长度	监督员应巡查的路线长度
14	个人工作量	监督中心、指挥中心等工作岗位的个人工作量
15	平均工作量	监督中心、指挥中心等工作岗位的平均工作量

扩展比率指标示例见表 5-4。

扩展比率指标示例   表 5-4

序号	指标名称	计算公式
1	有效上报率	有效上报数/上报数
2	延期率	延期数/应处置数
3	处置率	处置数/应处置数
4	超期处置率	超期处置数/应处置数
5	超期未处置率	超期未处置数/应处置数
6	挂账率	挂账数/应派遣数
7	超期结案率	超期结案数/应结案数
8	驳回率	驳回数/专业部门申请退回数
9	按期处置提速率	（按期处置数的应处置时间之和－按期处置数的实际所用处置时间之和）/按期处置数的应处置时间之和
10	超期处置延迟率	（超期处置数的实际所用处置时间之和－超期处置数的应处置时间之和）/超期处置数的应处置时间之和——基本指标增加"时间"指标
11	区域巡查覆盖率	巡查路线长度/巡查应覆盖路线长度
12	有案件上报率	有案件上报小时数/工作小时数
13	一次完成率	（1－返工数/处置数）

序号	指标名称	计算公式
14	错报率	上报错误信息数/上报信息总数
15	提前处置率	(应处置时间－实际处置时间)/应处置时间
16	个人工作效率	个人工作量/平均工作量

四、指标应用

绩效评价指标和指标权重设置，应以提高案件结案率，特别是按期结案率，提升运行质量与效率为目的。应坚持客观公正原则设置绩效评价指标，保证绩效评价的公平、公正。应综合考虑多方面因素合理设置考核指标和权重，保证实际管理重点与评价结果相适应。

数字城管的绩效评价结果，是数字城管技术创新与城市管理体制机制、城市管理业务与市民对城市管理体验的综合反映，是检验城市管理效能的重要依据。各级政府应注重对绩效评价结果的使用，将其纳入政府对区域和部门的绩效考核和效能考评体系中，推动城市管理事业不断迈上新台阶。

第六节 评 价 方 法

本节解读的评价方法包括评价实施主体、指标选取、评价分值、分类评价和结果表达等。

一、评价实施主体

该标准规定评价实施主体应为政府授权的监督中心或其他部门，其中区域评价应由上级对下级行政区域进行评价，即省对市、市对区（县）、区（县）对街道（乡镇）进行评价，以体现数字城管高位监督、高位协调、高位考核原则，保证并实现数字城管健康运行。

二、指标选取

每个城市在选取应用评价指标方面，应认真分析研究本地数字城管运行状况和运行目标，把评价指标作为杠杆，针对评价对象在数字城管系统运行中存在的问题和薄弱环节，有的放矢地选择相应的规定指标、非规定指标或扩展指标加入考核公式并科学合理地分配权重，以此撬动管理效能和运行质量不断提高。例如当某区域出现部分部、事件一直处在高发案件小类前十名、案件按期结案率低下且反复性发案高等问题时，就应在考核公式中加入"按期结案率"和"返工率"指标并增加其权重，通过科学调整考核公式，及时解决和避免一些普遍性或倾向性问题，保障数字城管正常运行，实现预期工作目标。

需要特别指出，应科学灵活运用评价指标，适时调整优化评价指标和计算公式以及综合指标值参数构成，使之既能够保证数字城管系统整体考评数据的客观、公正，又可以突出重点，化解关键问题，保证数字城管健康运行。

三、评价分值

绩效评价工作宜采用综合计算的方法生成综合指标值，将综合指标结果纳入绩效评价考核。综合指标的计算公式如式1：

$$e = \sum_{i=1}^{n} m_i p_i \qquad (1)$$

式中：

e——综合指标值，规定取值范围为0～100，即综合计算结果不能有负数，也不能超出100分。

m_i——在综合指标值中选取的比率指标和基本指标的分值，取值范围为0～100，就是比率指标和基本指标的分值取值范围也不能出现负数和超出100。

p_i——选取的 m_i 指标在综合指标中所占的权重值，所有权重值之和为1，即不超过100%。

综合指标的计算，在该标准附录B、附录C和附录D中分别列举了区域评价、部门评价和岗位评价选取的评价指标和计算方法。如，部门评价，选取了"立案数、结案率、按期处置率、返工率"等项指标，按照实际管理需要分别赋予"10%、30%、30%、30%"的权重，计算的综合指标值为：

综合指标值＝立案数分值×10%＋结案率分值×30%＋按期处置率分值×30%＋返工率分值×30%

四、分类评价

（一）区域评价

区域评价的主体是市、区（县）、街道（镇、乡）、社区（村）等行政区域。

（1）一类区域评价的规定指标应包括监督举报率、立案数、结案率和按期结案率。

（2）二类区域评价的规定指标应包括监督举报率、立案数和结案率。

（3）三类区域评价的规定指标应包括立案数和结案率。

（4）区域评价应按照数字城管监管覆盖的行政区域进行评价，包括行政区、街道（乡镇）、社区（村）、责任网格、单元网格、道路单元网格等区域。对道路区域进行评价时，需要对道路进行单元网格划分和编码。

（5）在区域评价中，需分别对各项指标规定不同的分值，具体分值在该标准附录B中给出了示例。如立案数分值：一类管理区域内0件100分；1～2件90分；3～4件75分；5～6件60分；7～8件40分；9件及以上0分。

（6）在规定了区域评价各项指标的权重后，就可以计算综合指标值，如一类管理区域评价的综合指标值＝监督举报率分值×10%＋立案数分值×30%＋结案率分值×30%＋按期结案率分值×30%。

（7）区域评价采用的数据集合应包括该区域全部部件、事件案件数据。也可以单独对一个大类或者小类以及自定义部分监管案件通过区域进行评价，掌握其在不同区域的分布状况、管理状况等。例如某部件小类在某一时间段在全市域、在某区、某街道、某社区、某一道路中问题发现和处置的状况。

（8）由上级主管部门对下级行政区域进行评价的指标宜为结案率和按期结案率。

（9）该标准附录B列举了一、二、三类管理区域和行政区域的评价示例，表5-5为一类管理区域评价示例，其余示例参见该标准附录B.2～B.4。

一类管理区域评价示例（部分）　　　　　　表 5-5

街道	社区	单元网格	监督举报率（％）	立案数	结案率（％）	按期结案率（％）	综合指标值	评价等级
街道一	社区一	11010100100101	0	0	100	100	100	A
		11010100100102	0	3	100	100	92.5	A
		11010100100103	0	8	100	87.50	78.25	B
	社区二	11010100100202	0	1	100	100	97	A
		11010100100211	0	0	100	100	100	A
		11010100100210	14.29	7	85.71	85.71	72	C

注：1）综合指标值中，各个指标的分值计算方法如下：
　　　监督举报率分值：（1－监督举报率）×100
　　　立案数分值：
　　　一类管理区域内 0 件 100 分；1～2 件 90 分；3～4 件 75 分；5～6 件 60 分；7～8 件 40 分；9 件及以上 0 分；
　　　二类管理区域内 0 件 100 分；1～3 件 90 分；4～5 件 75 分；6～7 件 60 分；8～9 件 40 分；10 件及以上 0 分；
　　　三类管理区域内 1 件 100 分；2～4 件 90 分；5～7 件 75 分；8～10 件 60 分；11～13 件 40 分；14 件及以上 0 分。
　　　结案率分值：结案率×100
　　　按期结案率分值：按期结案率×100
　　2）综合指标值的计算公式如下：
　　　综合指标值＝监督举报率分值×10％＋立案数分值×30％＋结案率分值×30％＋按期结案率分值×30％

（二）部门评价

（1）评价层级

部门评价应按照管理权限按层级进行评价，包括全市、市级专业部门、区（县）政府及专业部门、社会专业部门等。

对行业主管部门的评价，应为该行业全部专业部门评价结果的集合。对区（县）政府的评价应为所属有关部门评价结果的集合，包括区级部门、街道办事处等。市级行业主管部门与区（县）相关部门是工作指导或者是上级对下级实行监督考核管理体制的，则下级专业部门的评价结果不能作为对上级主管部门绩效评价的依据。如市城管局对区城管局的城市管理工作进行考核，但区城管局的评价结果，不能作为市城管局绩效评价的依据。

部门评价在体系设置上，要将部门间上下、左右关系梳理清楚，不能有职责交叉和重复现象。

（2）部门评价的规定指标应包括立案数、按期处置率、结案率和返工率。

（3）部门评价示例参见表 5-6。

部门评价示例（部分）　　　　　　表 5-6

部门	立案数	结案率（％）	按期处置率（％）	返工率（％）	综合指标值	评价等级
专业部门一	30	100	100	0	100	A
专业部门二	249	91.97	88.35	10.04	87.08	B
专业部门三	115	86.67	66.67	26.67	75.5	B

注：1）综合指标值中，各个指标的分值计算方法如下：
　　　立案数分值：0～50 件 100 分；51～100 件 90 分；100～200 件 75 分；200～500 件 60 分；500～1000 件 40分；1000 件及其以上 0 分。宜根据部门工作职责分别设定立案数分值。
　　　结案率分值：结案率×100
　　　按期处置率分值：按期处置率×100
　　　返工率分值：（1－返工率）×100
　　2）综合指标值的计算公式如下：
　　　综合指标值＝立案数分值×10％＋结案率分值×30％＋按期处置率分值×30％＋返工率分值×30％

（三）岗位评价

（1）监督员岗位评价的规定指标应包括监督员有效上报率、漏报率、按时核实率和按时核查率。

（2）受理员岗位评价的规定指标应包括受理数、核实按时派发率和核查按时派发率。

（3）值班长岗位评价的规定指标应包括按时立案率、准确立案率和按时结案率。

（4）派遣员岗位评价的规定指标应包括派遣数、按时派遣率和准确派遣率。

（5）监督员岗位评价示例参见表5-7，受理员、值班长和派遣员岗位评价示例参见该标准附录D.2～D.4。

监督员岗位评价示例（部分）　　　　　　　表 5-7

姓名	街道	责任网格	监督员有效上报率（%）	漏报率（%）	按时核实率（%）	按时核查率（%）	综合指标值	评价等级
监督员一	街道一	网格一	100	0	100	97.30	99.46	A
监督员二	街道一	网格二	97.14	0	100	97.06	98.27	A
监督员三	街道一	网格三	61.11	2.5	77.00	72.73	73.89	C

注：1）综合指标值中，各个指标的分值计算方法如下：
监督员有效上报率分值：监督员有效上报率×100
漏报率分值：（1－漏报率）×100
按时核实率分值：按时核实率×100
按时核查率分值：按时核查率×100
2）综合指标值的计算公式如下：
综合指标值＝监督员有效上报率分值×40％＋漏报率分值×20％＋按时核实率分值×20％＋按时核查率分值×20％

五、结果表达

数字城管绩效评价结果一般用于对区域政府、专业部门和数字城管系统相关岗位的考核，对外发布接受社会监督，利用绩效评价结果统计分析和研究城市管理运行状况，利用评价数据分析数字城管系统管理情况等。有的城市还通过对绩效评价结果相关数据的挖掘、分析，助推城市管理向源头治理深化，实现城市管理的科学化、规范化和常态化。

该标准规定，评价结果宜根据综合指标值划分等级，各城市宜根据实际情况确定各等级的指标值域，同一城市应保持一致。为直观、客观、全面、科学反映数字城管绩效评价结果，部门和岗位评价结果宜采用统计图表、包括柱状图、饼图或趋势图等方式表达；区域评价结果宜采用统计表和专题地图方式表达，以相应的区域评价对象为单元，宜采用不同颜色表达各区域的评价结果。专题地图使其评价数据结果在平面、空间的反映让受众视觉感强，便于在较短时间了解掌握评价结果。评价结果分级和色彩表示示例见表5-8。

评价结果分级和色彩表示示例　　　　　　　表 5-8

分值	评价等级	颜色	色值			
			C	M	Y	K
［90，100]	A	绿色	63	0	100	0
［75，90）	B	蓝色	88	77	0	0
［60，75）	C	黄色	6	0	97	0
［40，60）	D	红色	0	99	100	0
［0，40）	E	黑色	75	68	67	90

第七节　评价实施与保障

本节对评价实施与保障作出解读。

一、评价实施

(一) 明确评价实施主体和评价结果的发布渠道

考虑到我国各城市间的差异性，该标准规定"评价实施主体应为政府授权的监督中心或其他部门"。其含义是，监督中心是绩效评价实施主体，可以依据政府授权对相关责任主体进行考核评价并对外发布评价结果。

(二) 强调评价方法和评价结果表达方式统一性

该标准规定"同一城市的评价实施主体采用的评价方法和评价结果表达方式宜保持一致"。

(三) 明确评价结果的发布周期和发布范围

该标准规定"评价结果一般应按照月度、季度和年度评价周期进行发布。对区域的评价和部门的评价结果一般应通过简报向各专业部门或者通过媒体向社会公众发布"。

二、评价保障

绩效评价结果，是对各评价对象的城市管理理念、为民服务宗旨意识、管理服务措施和系统运行效果的全面展示和综合评价，因此，应注重做好两方面工作：

(一) 评价结果的准确性和时效性保障

该标准规定"评价主体应遵循本标准的规定，确定并公布绩效评价对象、周期、指标、和方法，保证评价结果的准确性和时效性"。这一规定包括两层含义，一是公开、公平，绩效评价的全过程"阳光"透明；二是准确、及时，强调考核必须及时，结果必须准确。

(二) 评价结果应纳入地方政府行政效能监察考核体系

数字城管十四年的运行实践证明，数字城管的绩效评价职能，是驱动各评价对象发挥职能作用、加强城市管理、实现管理服务效能最大化的核心动力机制，对于建立城市管理长效机制，达到城市管理规范化、制度化、常态化目标，具有重要的现实和战略意义。因此，各级政府应将数字城管作为改进城市管理工作的重大举措摆到重要位置，把绩效评价作为切实可行的工作手段牢牢抓在手上，保证数字城管绩效评价结果成为政府对评价对象绩效考核的组成部分，在政府城市管理考核体系中占有一定分值，真正用好、用活绩效评价结果，充分发挥其驱动作用，在保障数字城管健康可持续发展的同时，推动城市管理水平全面提高。

第八节　外 部 评 价

该标准规定各城市根据需要，可对数字化城市管理运行效果进行外部评价。本节解读绩效评价中外部评价的数据来源和评价方法。

一、数据来源

监督举报，是外部评价的主要数据来源。监督举报渠道包括社会公众通过电话、媒体、自媒体、互联网、物联网、领导批示、人大、政协代表委员建议提案和信访等。监督举报是数字城管重要的问题信息来源，是对信息采集责任单位采集上报问题信息的补充。目前，依据社会公众反映城市管理问题已成为一个有效的信息源，其监督举报的数字城管部件事件问题信息，经监督员核实后，进入数字城管业务流程予以处置。在绩效评价指标体系中，通过将监督员上报数与社会公众监督举报数相加，形成问题总数，这个指标数据一般用于对区域评价、部门评价，它既体现了社会公众对城市管理的参与度，也反映着区域城市管理质量状况。一般而言，监督举报案件量占总数的比例越高，城市管理水平就越低，反之，则表明社会公众对城市管理质量有较高的认同感、获得感和幸福感。

二、评价方法

该标准规定，"各城市根据需要，可通过专业调查机构或采用随机抽样的方式对数字化城市管理运行情况进行调查评价"。评估结果可作为对数字城管系统运行的外部评价结果。

该规定的含义是，系统运行生成的对评价对象的绩效评价结果属于内评价的范畴。为了更全面地反映数字城管的运行效果，通过社会专业调查机构或多层面的随机抽样调查等方式，一方面广泛听取全社会以及公众对城市管理工作的意见和建议，另一方面获取系统外部对数字城管运行效果的评价，作为对内评价的有益补充，从而使数字城管的绩效评价体系更加完善、科学和具有广泛性，激励评价对象以"人民群众对美好生活向往"为工作目标，恪尽职守，发奋努力，不断推进城市管理工作再上新台阶。

第九节　附　　录

该标准给出了5个附录，均为资料性附录，且都是示例。各城市可根据工作实际，以促进系统高效运行，增强系统应用功效、提升数字城管作用为目的，参考执行。

附录A为基本指标和比率指标的扩展示例。

附录B为区域评价按照一类、二类、三类管理区域及行政区域进行评价的示例，需要注意各级区域评价时指标选择上的差异。

附录C为部门评价的示例。

附录D为各岗位评价的示例，包括监督员、受理员、值班长和派遣员等岗位。

附录E为评价结果分级和色彩表示的示例。表E.1中的分值需要注意"["和"]"表示闭区间，"（"和"）"表示开区间。色彩定义采用印刷四色模式。

第六章　数字化城市管理信息系统
第5部分：监管信息采集设备

第一节　概　　述

作为数字化城市管理新模式的重大创新点之一，监管信息采集设备（以下简称城管通），综合运用现代智能终端和无线信息传递技术，为城市管理问题的发现提供了全新手段。但同时，移动终端的复杂性、各层次技术的多样性、设备的耐用性和使用人员的操作水平等都给"城管通"研制和应用带来困难。为了规范城管通终端设备选型和应用软件功能开发，制定了国家标准《数字化城市管理信息系统 第5部分：监管信息采集设备》GB/T 30428.5—2017于2017年9月由国家标准化管理委员会批准发布，自2018年4月1日实施。

该标准共分前言、引言和正文三部分。正文共分7章，32条，26款。

该标准主要规定了监管信息采集设备的硬件要求，应用软件功能、性能要求和其他要求等。

该标准适用于数字化城市管理信息系统信息采集设备的选型和应用软件开发。

第二节　术　　语

该标准定义了监管信息采集设备、责任网格两个术语。

一、监管信息采集设备

定义：供监督员使用，实现数字化城市管理监管信息的采集、报送、核实、核查等任务的移动通信手持设备（以下简称手机）。

监管信息的采集设备除了移动通信手持设备之外，还包括基于物联网的各种监控信息采集设备，如噪声监测仪、扬尘监测仪等。

二、责任网格

定义：单个监督员负责巡查的单元网格集合。

城管通与责任网格的关联主要有以下两个方面：

（1）使用地图。城管通使用地图有两种方式：一种是离线地图，另一种是在线地图。对于使用离线地图方式，为了提高地图加载性能，通常会将监督员负责巡查的责任网格的地图数据全部下载到本地。

（2）离网报警。很多城市会在城管通中增加若监督员不在自己的责任网格时系统就会自动报警的功能。

第三节 设备要求

城管通是监督员日常工作的主要工具，上报、核实和核查都需要使用城管通，使用频次高，使用时间长。为保障监督员的工作效率与质量，城管通必须可靠、耐用。同时也应当注意到手机硬件设备更新换代速度快，且各地发展水平不一，因此，该标准以满足数字化城市管理需求为前提，对城管通的硬件配置规定了较低的基本要求，共 14 条，现归纳为 10 个方面予以解读。

一、操作系统

该标准规定手机"应能运行智能终端通用的操作系统"。智能手机和非智能手机的区别主要看能否基于系统平台进行功能扩展。目前应用在手机上的操作系统主要有 Android（安卓，谷歌）、iOS（苹果）、Windows Phone（微软）、Symbian（塞班，诺基亚）、BlackBerry OS（黑莓）、Windows Mobile（微软）等。当前各地城管通以安卓操作系统为主。

二、处理器

该标准规定"处理器主频不应低于 1.0GHz"。处理器包括 CPU 和 GPU，该标准主要是针对 CPU 进行规定。事实上，由于手机更新换代太快，以及操作系统会承载越来越多的功能，因此对于处理器的要求会越来越高。例如华为的 P20，其 CPU 型号为海思 Kirin 970，CPU 共 8 核，包括 4 核 2.36GHz，4 核 1.8GHz；GPU 型号为 Mali-G72 MP12。因此，处理器主频不低于 1.0GHz 只是最低要求，选择时应以手机开关机速度快，启动城管通速度快，各项功能尤其是地图相关的功能操作流畅为标准即可。

三、存储

手机存储包括 RAM 和 ROM。RAM 指手机内存，属于手机内部存储器，是随机存储，速度高于 ROM，对于手机性能起着决定性作用。ROM 则属于外部存储，可以简单地理解成手机硬盘，用来存储手机系统文件、照片、地图数据等，不会随着掉电而丢失数据。ROM 越大存储的数据就越多。可以通过插入 SD 卡（即扩展存储卡）来扩展手机的外部存储空间。

城管通占用的存储空间包括城管通应用软件本身，以及各种配置信息、责任网格内的地图数据、上报问题（包括核实核查反馈）在本地的缓存、接收到的核实核查任务信息和专项普查任务信息。为保证城管通运行流畅，使用过程中存储空间足够，该标准规定"随机存储器（RAM）不应小于 1GB，只读随机存储器（ROM）不应小于 8GB"，以及"宜支持存储量不低于 32GB 的扩展存储卡"。扩展存储卡即我们通常说的 SD 卡。

由于手机大都具有多种外部接口，包括蓝牙连接、USB 及 SDIO 等，满足终端设备与外部设备进行数据交换的要求。因此该标准没有对接口进行特别要求。

四、双卡双待

该标准规定"宜支持两张 SIM 卡同时处于待机状态（即双卡双待双模）的模式"，也就是支持在一个手机上同时使用两个号码，这是从实际使用角度出发做出的规定。监督员因工作需要而消费的通信费用和流量费用由工作单位支出，因个人使用需要而消费的通信费用和流量费用由个人承担。为便于管理两部分费用，工作用号码和个人号码需要分开。为便于用户携带，避免带两个终端，经费充裕的城市推荐用价格更高且支持双卡双待即双卡模式的城管通。

五、显示屏

监督员执行核实、核查反馈任务时需要对照上报照片进行。为保证监督员可以清楚地看到照片，该标准规定"显示屏尺寸不应小于 10.16cm，分辨率不宜低于 1280×720 像素"。显示屏尺寸足够大后，界面上的文字说明、功能按钮也可以相应设置大些，以方便监督员操作。

该标准规定"应带有背光照明，亮度应适应户外工作环境"，这一规定是为了满足监督员夜间使用。

该标准规定"应支持触摸手写功能"，这是在笔录基础上又增加了手写功能的触摸屏，能通过触摸笔等进行内容输入和功能操作，便于监督员完成上报、核实和核查任务。

六、照相和语音

为方便监督员上报信息时附带现场照片和语音描述传送到指挥中心，使上报信息更直观，该标准对手机内置摄像头做了具体规定，要求"分辨率不低于 800 万像素"，且"支持夜间、强光及多分辨率拍摄模式，具备自动对焦功能，能拍摄 30m 内静物的清晰图像。应具备多张图像连续拍摄能力，宜支持录像和播放功能。宜内置闪光灯，以满足监督员的信息采集的工作需要"。

该标准规定"应具有录音功能"，支持录音及录音回放。随着语音识别准确率越来越高，用语音录入替代文字录入具有可能性，而且语音录入可以进一步降低对监督员文化水平的要求。

为了方便监督员与监督中心受理员之间沟通交流，该标准规定城管通"应支持免提通话"。为便于监督员分组管理，该标准规定城管通"宜具有对讲功能，包括点对点、分组呼叫和全体呼叫功能"，这样一个组内的监督员可以更好地协同工作。

七、电池

由于手机耗电量随硬件升级、软件功能更加复杂而越来越大，因此该标准不再规定单块电池容量，而是规定"设备正常工作状况下，单块电池连续使用时间不应低于 4h"。考虑到导航定位系统信号不好或网络不好时，耗电会更快，因此建议"配置备用电池或移动电源"。

八、导航定位

监督员上报问题信息时需要对事发位置准确定位，监督员到达指定地点时需要依据当前位置和目标位置规划路线，监督员工作期间的巡查轨迹管理也需要一个精确的导航定位，这些都离不开导航定位系统。因此该标准明确规定城管通"应具有卫星导航定位功能"，并特别指出"宜支持北斗导航定位"，提倡应用国产化设备。当前，宜采用北斗/GPS 双模式导航定位，随着北斗导航系统进一步完善，逐步过渡到完全北斗导航定位。

九、三防要求

由于城管通是在户外使用居多，应具备一定程度的防水、防摔、防日晒等功能。

十、其他要求

在网络接入方面，该标准只是规定"宜支持 4G 和 WIFI 模式"，这是考虑到该标准发布时 4G 还没有完全覆盖，所以只是推荐使用 4G。对于覆盖了 WIFI 的区域可以通过 WIFI 方式接入。将来 5G 或更高速的网络出现时，城管通也可以接入使用。

该标准还规定"按键寿命应符合《移动通信手持机可靠性技术要求和测试方法》YD/T 1539—2016 的规定"。现在的触摸屏智能手机，按键使用的频率已经很少，更多的是触摸屏的使用寿命要求。

第四节　应用软件功能要求

本节解读城管通应用软件的功能要求，包括采集和上报功能、查询功能、配置功能、安全功能和其他功能。

一、采集和上报功能

采集和上报按类型可分为一般问题采集、专项普查和变化信息采集。对于一般问题采集，该标准规定"能采集部件或事件类型、部件标识码、位置坐标和问题描述等信息，信息形态应包括文字描述、图像和语音等，宜包括视频"。对于变化信息采集，该标准规定"应具有对部件、地理编码和地理空间信息变化情况的采集和上报功能"。信息变化包括增、删、改三种情况。

为保证采集到的信息能够快速、准确地上报，节省带宽资源，减少网络请求，该标准要求"应具有信息压缩及上报功能，宜具有多条信息批量上报功能"。通过信息压缩，减少数据包大小，降低带宽资源占用，缩短数据传输时间。通过多条信息打包，能减少网络请求交互次数，进一步提升上报的性能。

考虑到网络质量问题，该标准要求"应具有在网络不正常情况下暂存上报信息，待网络正常后自动上报的功能"，避免监督员在网络条件不好时无法工作。

很多城市要求监督员对于非法小广告、散落垃圾、垃圾桶倒伏、井盖轻微移位等类型问题，应主动自行处置，提高问题处理速度，减轻处置部门压力。为准确反映监督员的工作量，以及对虽已被处置但已经发生的问题有一个记录，该标准规定城管通"宜具有监督员自行处置部件和事件问题，并上报相关信息的功能"。

二、查询功能

查询功能分为任务及工作记录查询、通知信息查询和地图信息查询三类。

（1）任务及工作记录查询包括"当天监督员接收到的核实、核查和普查任务信息的任务查询"，以及"监督员上报问题、回复核查或核实任务的历史记录查询"。

（2）通知信息查询是指能够"查询当天监督员接收到的通知或其他信息"。

（3）地图信息查询既包括"地图显示、查询、放大、缩小、漫游"等操作，也包括"根据地名、路名、兴趣点名称、门牌号、单元网格等进行空间定位"的功能。

由于监督员不会时时看手机，因此，城管通还应当具有新的核实核查任务和新的公告信息到达时，以震动和铃声的方式，提醒监督员及时查看。

三、配置功能

配置功能包括用户注册、用户密码设置、终端序列号、短信接入号等基本参数配置，以及系统运行数据初始化相关配置。

1. 用户注册是指"将注册信息传送给数字化城市管理信息系统进行注册"。

2. "终端序列号"的参数配置是为了保证监督员账号只能够在授权的手机上使用，以降低账号被盗用的风险。

3. 系统运行数据初始化包括城管通运行所需的"地理空间框架、单元网格、部件和事件、地理编码等数据"的初始化工作，并能够在数据更新之后，自动同步成与数字化城市管理信息系统数据库保持一致。考虑到数据安全性，根据国家有关规定，要求基础地图数据应不大于 $6km^2$，一般在城管通上仅下载该监督员责任网格范围的基础地理数据。

该标准规定"应具有应用软件在线升级功能。"在线升级是一项必备功能，可以减轻运维工作，让监督员用到最新的功能。

为帮助监督员判断城管通是否能正常工作，标准规定系统应配置自检功能。

四、安全功能

安全功能中包括自动锁定、登录和退出以及数据加密。

自动锁定功能，以及"登录后 30min 未操作能自动保存信息后退出"功能保证了即使是监督员不小心丢失城管通的情况下，捡到的人也不能够轻易继续操作城管通。

数据存储加密主要指的是地图数据加密存储。一方面是不存储超过 $6km^2$ 的地图数据，另一方面是对存储格式进行加密处理，双重保障地图数据的安全。

五、其他功能

系统帮助功能是帮助监督员熟悉如何使用城管通。这项功能仅起辅助作用，更重要的是监督员上岗前的系统培训。

"一键恢复初始设置"是为了避免因为网络原因导致地图数据下载不全、部件和事件分类代码字典下载不全，造成城管通功能无法正常使用。通过"一键恢复"操作，城管通就可以快速恢复到初始设置。

单键拨号是方便监督员与监督中心电话沟通。单键报警则是考虑到监督员的安全保护，遇到突发、紧急事件时能够单键报警，最大程度保护监督员人身安全。

"监督员考勤"和"查询监督员巡查轨迹"两项功能都是为了对监督员是否按时上下班，是否按照规定路线进行巡查进行管理。

在很多城市的实际应用中，城管通已经不仅仅是完成问题的采集上报、核实和核查，还可以用于进行指挥和处置，对重要案件、紧急案件进行督办，因此该标准建议"宜具有指挥、处置、公众服务、执法、督办和评价等扩展功能。"

第五节 性能要求

城管通与数字化城市管理信息系统之间的数据交换频繁，数据传输稳定可靠和安全是系统正常运行的重要保证。该标准规定在网络正常情况下：

1. 单次现场信息传送宜在30s以内完成；

2. 现场信息传送1000条以上的成功率应不低于99%。

单次传送的信息包括文本、照片、语音和视频。现在手机拍照越来越清晰，需要根据实际工作情况对照片进行适当压缩，以缩短照片传输时间。语音长度通常限制在20s以内。视频长度则需要根据工作要求具体确定，视频传输时间有可能超过20s。

为保证现场信息因为网络条件不佳，不能一次完成传输到城市市政监管信息系统，该标准规定应支持断点续传。

为保证监督员能够快速通过地图选择问题所在位置，提高工作效率，该标准规定"地图打开时间宜小于5s，地图放大、缩小、漫游操作刷新时间宜小于2s"。地图浏览的性能一方面依赖于嵌入式地图引擎的算法，另外一方面也取决于处理器主频和内存大小。

第六节 其他要求

该标准从设备选型和软件功能两个方面提出质量要求，以保证城管通能满足监督员正常上报问题，执行核实核查指令。

一、在设备选型方面

该标准规定城管通"应具有国家认可的电信设备进网许可证，并提供使用说明和符合国家规定要求的保修单"，"应通过国家认可的第三方测试并提供测试报告"，测试结果应符合该标准和《移动通信手持机可靠性技术要求和测试方法》YD/T 1539—2016的规定。

二、在软件功能方面

该标准规定"应用软件应通过国家认可的第三方测试并提供测试报告"。测试的标准即该标准"应用软件功能要求"与"性能要求"两部分内容。

三、城管通维护

城管通的维护工作是城管通系统正常、稳定运行的重要保障，因此，该标准对城管通的维护责任方、维护内容等进行了规定，具体包括：

（1）城管通应用软件提供商需要对监督员进行软件使用和维护培训，并提供软件用户手册。

（2）由于城管通的某些部件，如导航键、触摸屏等，非常容易损坏，因此"设备提供商应指定专门技术人员负责维护"。

（3）考虑到电池使用寿命，以及城管通扩展新功能将会对手机硬件提出更高要求，建议城管通手机"连续使用2年及以上宜进行更新"。

第七章 数字化城市管理信息系统 第6部分：验收

第一节 概 述

数字城管模式建设，是政府"一把手"工程，是政府主导、财政出资优化城市运行质量的"民心项目"，它涵盖了管理资源整合、管理流程再造、信息资源共享和现代信息技术应用等诸多内容，需要科学合理配置管理体制机制、资金、技术资源及管理人员等经济要素。在这种复杂条件下建设"能用、好用、管用"的数字化城管模式，需要编制《验收》标准，以贯彻建设理念，框定建设内容，明确建设重点，规范建设行为，为数字城管高效节约建设、健康可持续运行把关掌舵、提供基础性保障。

2017年12月29日国家标准化管理委员发布了《数字化城市管理信息系统 第6部分：验收》，GB/T 30428.6—2017，于2018年7月1日起正式实施。

该标准共分前言、引言和正文三部分。正文共分7章，14条，41款。

该标准规定了数字化城市管理信息系统模式建设和运行效果验收一般规定、验收内容、验收指标与评分以及验收结论等。

该标准适用于对数字化城市管理信息系统模式建设和运行效果的验收。

该标准对于数字城管规划设计、建设、验收和拓展升级均具有普遍意义。对拟建或在建的城市，应严格按该标准进行设计、建设和验收，避免走弯路；对已建成待验收的城市，应对照标准，整改存在问题，确保顺利通过验收；对已通过验收的城市，则可依据标准进行完善、升级和拓展。

第二节 术 语

"组织模式"定义为：根据城市管理需求建立的一种数字化城市管理监督与指挥的组织架构。

该标准给出了三种"组织模式"架构，即：一级监督，一级指挥；一级监督，两级指挥；两级监督，两级指挥。

（一）一级监督，一级指挥组织模式

该模式一般有以下两种形态：

1. 市级监督，市级指挥

是指在市级设立全市统一的监督中心和指挥中心，如图7-1所示。其中，市级监督中心为"监督考评轴"，对城市管理工作进行高位监督、高位考评，负责数字城管覆盖域内城市管理问题的巡查及信息上报受理工作；市级指挥中心为"指挥处置轴"，负责将案卷派遣到市级专业部门和区级专业部门，并指挥协调各区和相关专业部门履行城市管理职责任、处置数字城管问题案件。

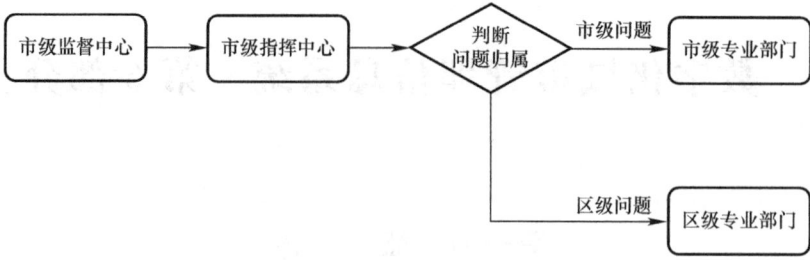

图 7-1　市级监督，市级指挥组织模式

2. 市级监督，区级指挥

是指在市级设立全市统一的监督中心，而在各区设立指挥中心的模式，如图 7-2 所示。其中，市级监督中心为"监督考评轴"，对全市城市管理工作实行高位监督、高位考评；区级指挥中心为"指挥处置轴"，按照"属地管理"原则，受市监督中心授权，负责指挥协调辖区内市级和区级相关专业部门履行城市管理职责、处置数字城管问题案件。

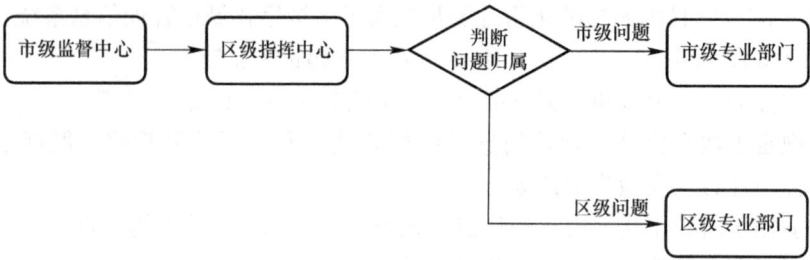

图 7-2　市级监督，区级指挥组织模式

（二）一级监督、两级指挥组织模式

是指在市级设立全市统一的监督中心，对各区和市级专业部门进行高位监督、高位考评，负责数字城管覆盖域内城市管理问题的巡查及信息上报受理工作；在市、区分别设立市级指挥中心和区级指挥中心，两级指挥中心分别按照已经界定的市、区管理职能分工和管理边界，负责将案卷分别派遣到市级专业部门和区级专业部门，并指挥协调所管辖区域和专业部门履行城市管理职责、处置数字城管问题案件，如图 7-3 所示。

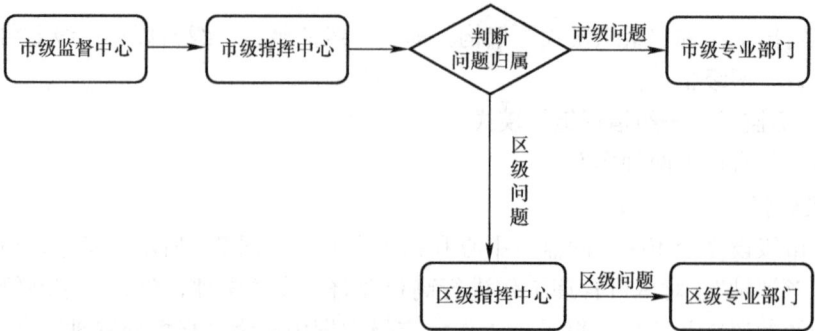

图 7-3　一级监督，两级指挥组织模式

（三）两级监督、两级指挥组织模式

是指在市级设立市级监督中心、指挥中心，在各区设立区级监督中心、指挥中心，如图7-4所示。由市级监督中心对城市管理进行全面的高位监督和考评，市级指挥中心进行统一指挥，重点是指挥协调市级专业部门履行城市管理职能、处置数字城管问题案件。同时，在区级层面，由区级政府按照"高位监督"和"监管分离"原则，建成相对独立的区级监督与管理体系。

两级监督中心分别负责在全市和辖区范围进行区域巡查、案件上报受理；市级指挥中心负责将属于市和区的案件分别派遣到市级专业部门和区级指挥中心，再由区级指挥中心和市级专业部门分别派遣到下属责任和养护单位。区级监督采集的问题信息由区级指挥中心派遣到辖属专业部门处置。对涉及市级专业部门的问题信息则上传至市级指挥中心，由其立案、派遣到市级专业部门处置。

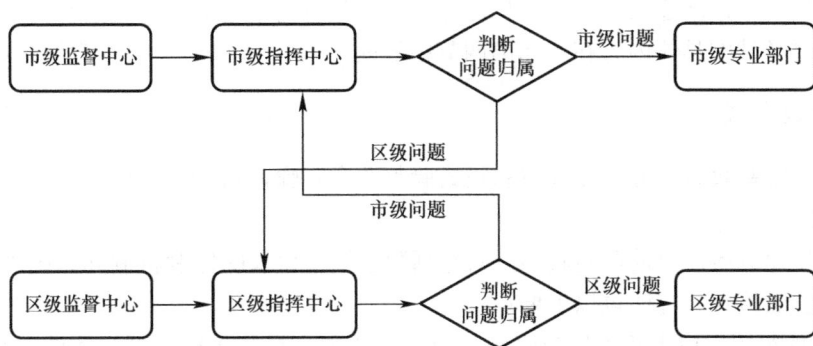

图7-4　两级监督，两级指挥组织模式

第三节　一 般 规 定

本节对验收的基本条件和验收方式等进行解读。

一、验收基本条件

验收基本条件是对验收具体内容的高度概括，也是该标准的核心内容。该标准规定了以下7个验收基本条件：

1. 根据城市管理需求，建立了相应的组织模式；
2. 建立了独立的实施城市管理监督、指挥、协调和评价的机构；
3. 制定了监督、指挥、处置和考核制度，并形成了城市管理长效机制；
4. 建立了与城市监管范围和监管工作量相适应的监督员、受理员、派遣员等专业队伍；
5. 具有完整覆盖监管范围、符合质量要求的地理空间框架、单元网格、部件和地理编码等数据，并建立了相应的数据维护更新机制；
6. 应用系统包括监管数据无线采集、监督中心受理、协同工作、监督指挥、综合评价、地理编码、应用维护、基础数据资源管理及数据交换等基本子系统；
7. 系统连续、安全、稳定试运行超过6个月以上。

上述 7 个验收基本条件具有一票否决权，只要有一个条件没有达到标准要求，上级行业主管部门就不得安排验收。

为便于记忆，可把验收基本条件更直观、清晰的表述如下：

（1）模式建设：建立适合城市特点的数字城管组织模式。

（2）机构建设：建立独立的数字城管监督指挥中心。

（3）机制建设：建立监督、指挥、处置和考核等制度，形成城市管理长效机制。

（4）队伍建设：建立满足运行的监督员、受理员、派遣员等专业队伍。

（5）平台建设：建设包含 9 个基本子系统的应用系统和满足系统运行的软硬件运行环境。

（6）数据建设：建设完整覆盖、包含基础数据、业务数据和业务支撑数据的地理空间数据库及其数据更新机制。

（7）试运行：系统连续、安全、稳定运行 6 个月以上。

验收基本条件的具体内容在本章第四节中解读。

二、验收方式

该标准规定验收方式分为预验收和正式验收两个步骤，六个工作环节。

（一）自查

是指系统建成后、申请预验收前，对包括数字城管模式的体制机制和系统平台的建设情况进行的全面检查。应注重以下要点：

1. 自查的组织。应由相关城市牵头组织项目监理、系统集成、网络运营、软件研发、数据测绘建库、机房装修等单位参加并进行全面自查。

2. 自查的依据。依据相关国家政策、国家及行业标准规范、该标准规定的验收基本条件、本项目招标文件规定的技术和服务要求，等等。

3. 自查的重点。重点围绕数字城管的体制机制建设和系统平台建设两个方面进行检查。其中体制机制建设工作的检查落实由相关城市负责；系统平台建设工作的检查落实由监理方牵头组织，各相关建设单位各负其责做好所承担建设项目的检查工作。

4. 自查后的整改。在自查基础上，各参与建设单位均应认真分析自查中存在的问题，研究制定整改措施，并写出书面自查情况报告，交予相关城市和监理方予以确认，并按责任分工，分别督导、检查、落实各建设单位的问题整改工作，直至达到标准要求。

（二）申请

是指相关城市向上级行业主管部门提交的、书面的预验收和正式验收申请报告。应注意以下要点：

1. 经自查达到标准要求后，相关城市可向上级行业主管部门提出书面验收申请报告。

2. 申请报告的主要内容是汇报系统的建设和试运行情况，包括 7 个验收基本条件的具体落实情况、系统平台调试及运行情况，等等。

3. 上级行业主管部门收到申请报告后，应首先审核其系统建设内容是否满足 7 个验收基本条件，不满足的申请要回退整改。

（三）预验收

是指相关城市的上级行业主管部门，组织专家对系统建设情况进行初步检查验收的活动。应注重做好如下工作。

1. 对于申请报告满足条件的系统建设项目，上级行业主管部门应组织专家进行预验收。

2. 预验收专家应逐一对照检查核实系统建设是否达到验收基本条件，核实系统运行各环节的指标及效果，如全部满足验收基本条件则同意其向上级行业主管部门申请正式验收。

3. 预验收专家对预验收中发现的问题应提出明确具体的改进意见，并对其整改结果是否合格予以确认。

4. 相关城市应组织系统建设的相关单位参加预验收活动，认真听取预验收专家对系统建设的意见和建议。

（四）正式验收

是指相关城市的上级行业主管部门，组织专家组对系统建设情况进行正式验收的活动。

1. 验收应由相关城市的上级行业主管部门组织进行。

2. 验收专家组成员不少于7人。其人员构成应兼顾系统建设的相关专业。

3. 验收的程序主要包括以下内容：

（1）听取汇报。主要是系统建设（包括体制机制和系统平台建设）及试运行情况的汇报。

（2）观看系统演示。主要考察系统平台各环节的运行衔接状况及操作熟练程度。

（3）审阅文档。主要查阅管理模式、建设过程和总结性文字档案资料（详见该标准附录C）。

（4）实地考察。重点考察城市基础设施、市容环境及街面秩序状况。

（5）现场登录访问数字城管的全业务流程。主要察看应用系统的运行状况。

（6）现场随机抽查相关数据。重点抽查基础数据、业务数据和业务支撑数据以及实时数字城管案件的办理情况。

（7）专家质询。验收专家对上述工作中存在的问题进行询问并提出意见及建议。

4. 验收专家按照验收评分标准（见该标准附录B）独立逐项打分，验收专家组全体成员评分的平均值（保留小数点后1位）作为综合得分。

5. 满足"验收基本条件"且综合得分80分以上，为通过验收。

6. 专家组应按规定形成明确的书面验收结论。

（五）整改

是指相关城市依据专家组在预验收、正式验收中提出的意见建议进行改进工作的活动。

相关城市应组织系统建设的相关单位，认真梳理预验收专家提出的意见及建议，查找问题原因，研究制定切实可行的整改措施，并落实到责任单位和责任人，分工负责逐条整改。在此基础上撰写书面整改情况报告报送预验收专家审核认定，同时将整改情况报告整理归档。

（六）验收结论

是指正式验收后，验收专家组根据验收情况出具的书面验收意见。

验收专家组经过全部验收程序后，应对所验收项目作出"通过"或"不通过"的验收结论。对未通过验收的，应写明存在的主要问题并提出整改意见及建议。

验收结论的具体内容在第六节中解读。

第四节　验收内容

本节规定了"管理模式、地理空间数据、应用系统、运行效果和文档资料"5方面验收内容。附录B将验收评分项目分为5个一级指标、18二级指标。

为了帮助理解，把验收内容按属性归纳为体制机制、系统建设、运行效果、文档资料四个部分予以解读。

一、体制机制

（一）组织模式

该标准规定了3种组织模式架构，各地应根据城市特点，从中选择一种建立起与城市监管范围相适应的组织模式。

（二）机构设置

该标准规定"组建了隶属于政府的、独立的数字城管实施机构，实现城市管理监督考核和执行处置相互分离"。

实施机构设置，既是数字城管的关键点也是体制机制建设的难点。在实践中，全国各地数字城管实施机构的隶属关系、行政级别、部门职能等差异较大。既有行政级别较高、隶属地方政府的行政机关，也有高位监管、独立设置的事业单位，还有行政级别低于职能部门的辖属单位，有的甚至是职能部门的内设科室。数字城管运行十几年的实践表明，凡是设立隶属于地方政府的、独立的、高位监督的实施机构的城市，其数字城管均保持健康、可持续的运行态势，反之，则可能陷入监管不力、指挥不灵、效能低下的被动状态之中。

（三）队伍建设

该标准规定"建立了与城市监管范围、监管工作量相适应的监督员、受理员、派遣员等专业队伍"。数字城管的专业队伍除监督员、受理员、派遣员，还应包括终端操作员（处置部门的信息系统操作员）和监督指挥中心的工作人员。

各专业队伍的人员定额应与其岗位的工作时间相匹配，采用不同的工作时间（如5×8、7×8、7×16、7×24）应核定不同的人员定额。

监督员定额应符合《数字化城市管理信息系统　第7部分：监管信息采集》GB/T 30428.7的规定，详见本书第八章解读。

受理员、派遣员定额应与其工作量相匹配，同时应考虑12319热线、视频受理增加的工作量因素。

各区域和专业部门的终端操作员宜配备专职人员，确保信息传递通畅，及时、快捷处置城市管理案件。

各级监督指挥中心的人员编制应满足日常管理及系统运行需求。

（四）运行机制

建立完善的数字城管运行机制。主要包括三个方面：

1. 建立闭环业务流程。该标准规定"建立了包含信息收集、案件建立、任务派遣、任务处理、处理反馈、核查结案和综合评价等阶段的闭环业务流程，各阶段分工明确、衔接紧密"。其含义是，应遵循"监管分离"原则，明确"监督"与"处置"两轴的职能边界，落实采集公司、监督中心、指挥中心和专业部门（包括维护单位和责任人）各自在业务流程中的管理责任，优质高效地处理数字城管案件。

2. 建成城市管理长效机制。该标准规定"建立了合理有效的城市管理监督、指挥和处置制度，并符合 GB/T 30428.4 规定的绩效评价制度，形成了城市管理长效机制"。此规定对业务流程的四个重要节点给出了明确要求：

（1）建立了"高位监管"、全社会监督的"问题发现机制"，及时将城市管理问题纳入数字城管业务流程；

（2）颁布了职能边界清晰、管理责任到位的《数字化城市管理部件、事件管理规范》，确立监督指挥中心的法律地位。编制《数字城管指挥手册》，落实数字城管问题案件的责任主体，切实做到令行禁止，指挥处置到位。

（3）制定了包括案件立案标准、处置时限和结案标准等制度规范，提高案件处置质量与效率。

（4）制定了科学有效的数字城管绩效评价制度，注重运用评价结果，建成并启动核心动力机制，保障数字城管"长治久安"，真正建成城市管理长效机制。

3. 健全系统内部协调制度。应注重协调本部门、各专业部门之间的工作关系，更好地调动多方面积极因素，同心协力处置城市管理案件。对此，各地在实践中创造了许多行之有效的工作协调制度，主要包括权责确认制度、问题会商制度、工作点评制度和考核问责制度等，如图 7-5 所示。

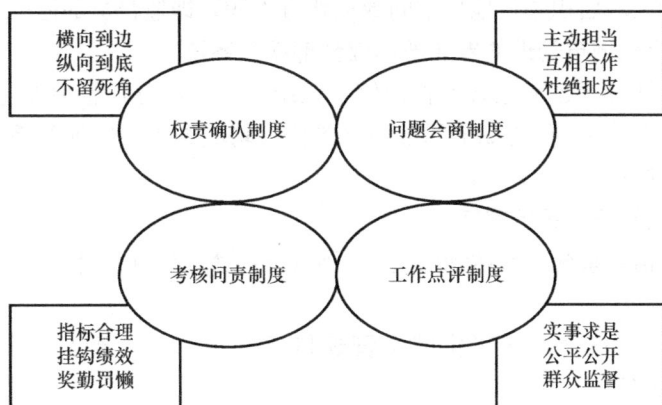

图 7-5　工作协调制度

二、系统建设

系统建设包含地理空间数据、应用系统和运行环境。

（一）地理空间数据

1. 地理空间数据包含了地理空间框架数据、单元网格数据、部件数据和地理编码数据等，采用的空间参照系与该市基础测绘所使用的空间参照系一致，数据的具体内容和质量符合该标准第五章的相关规定。

2. 地理空间数据库建设注意了以下几点：

（1）地理空间数据具有较强现势性，并能及时更新。有的城市数字城管系统运行了几年，但仍然采用初次普查的数据，导致系统对部件问题无法准确定位。所以地理空间数据一年至少补测更新一次。

（2）数据按规定进行了备份。

（二）应用系统

1. 应用系统的基本子系统及其功能符合该附录 A 的规定。

2. 具有用户身份认证、用户访问授权和行为控制、漏洞扫描和入侵检测、数据包过滤和病毒防范、数据加密和系统监控等安全保障功能。

3. 对应用系统进行了软件测试，并提供该标准附录 C 规定的应用系统设计和开发文档。

（三）运行环境

1. 建立了系统运行环境，包括硬件设备（服务器、显示设备、存储及备份设备、安全设备等）、系统软件（操作系统、数据库管理系统及地理信息系统等软件）、网络和呼叫中心建设等。

2. 加强系统运行维护，配备了系统管理员，监测系统运行状况。

三、运行效果

该标准规定应从 6 个方面检验运行效果。

（一）运行范围应完整覆盖数字化城市管理的监管区域

数字城管监管区域面积是指地理空间数据普查面积，即监督员的巡查面积。

（二）涉及数字化城市管理的专业部门应全部接入系统

其含义是凡是涉及《数字化城市管理信息系统 第 2 部分：管理部件和事件》GB/T 30428.2—2013 部件、事件管理职能的部门（单位）均应纳入数字城管系统。区域政府也应纳入数字城管系统。

（三）系统应处于正常运行状态

是指数字城管信息系统能够达到已定的规则及相关稳定运行指标要求，避免出现系统宕机或崩溃现象。

（四）绩效评价应符合《数字化城市管理信息系统 第 4 部分：绩效评价》GB/T 30428.4—2016 的规定

详见本书第五章解读。

（五）应满足附录 B 规定的运行效果指标

该标准附录 B 给出了 7 项运行效果指标：

——准确立案率不低于 95%；

——准确派遣率不低于 90%；

——执行部门处置率不低于 90%；

——执行部门按期处置率不低于 80%；

——核查率不低于 95%；

——按时核查率不低于 85%；

——延期率总量不超过 3%。

同时，要求"通过数据对比，表明实施数字化城市管理后各类市政监管问题处置效率明显提高"。

上述指标是基于全国而言制定的系统运行较低标准。运行较好的城市，一般将系统运行指标设定为：按时核查率达到 90% 以上，执行部门处置率达到 95% 以上，执行部门按时处置率达到 85% 以上，延期率不超过 2%。

（六）现场考察

该标准附录 B 二级指标"现场勘察"详细规定了现场考察的内容：

1. 随机考察城市现状，评估数字城管运行的实际效果，主要包括基础设施建设、环卫设施配置、绿化美化状况、广告牌匾设置、停车管理情况、街面秩序状况，等等。

2. 现场观看系统演示，要求达到功能齐全、流程顺畅、操作熟练。系统演示是对系统业务功能、运行状态和操作技能的展示，不能用视频或 PPT 代替。

3. 现场随机抽取适量案件，检查是否能够清晰显示上报、立案、派遣、处置、核查、结案流程情况，以及系统记录是否完整，考核评价是否全面、严格和规范。

4. 现场随机抽取适量案件，检验系统的查询、统计、分析等功能，要求能够顺利进行多种条件下的查询和统计分析，并自动生成表单。多种条件是指随机选择时间跨度、区域组合、部门组合、岗位人员组合等。

5. 现场随机抽查监督员、受理员、派遣员、专业部门操作员各一名，要求均能熟练、准确操作系统。

6. 现场抽查监督员和座席员的排班表、考勤表等工作情况记录，以检验其工作流程的完整性。

四、文档资料

（一）管理模式文档

包括体制机制、监督处置制度、考核制度、管理制度等行政性文件，以及引用标准的清单。

（二）建设过程文档

包括项目立项和批复文件、实施方案和论证意见、招投标及合同文件、数据普查方案及报告、应用系统设计和系统集成方案以及测试报告、建设监理报告、系统维护手册等。

（三）总结文档

包括项目竣工报告、项目总结报告、试运行情况报告（包括运行质量评价、月度分析报告、区域及部门考核资料等）。

文档资料详细内容见该标准附录 C。

（四）文档资料要求

1. 编写格式、内容及质量应符合相关标准规定；

2. 内容应系统、完整；

3. 需提供电子文档和纸质文档。

第五节　验收指标与评分

本节解读验收指标与评分。

一、验收指标

该标准规定的验收指标分为两级：

（一）一级指标

该标准共设置了五项一级验收指标，其名称和权重分配见表7-1。

一级验收指标权重 表 7-1

一级指标	权重
管理模式	35％
地理空间数据	15％
应用系统	20％
运行效率	25％
文档资料	5％

一级指标分类及权重分析，"平台建设"包括了地理空间数据和应用系统，合计权重为35％。"系统运行"包括了管理模式和运行效果，合计权重为60％。上述指标权重设置表明，数字城管是一套应用系统，其管理模式是保障健康运行的关键，如果管理模式不到位，运行质量与效率便难以保证，验收就难于通过。

（二）二级指标

二级指标是一级指标的细化。该标准设置了18个二级指标，详见该标准附录B。二级指标的具体内容已在第四节中解读。

二、评分

该标准附录B给出了具体评分内容，在二级指标下分解出58个评分点，并逐一进行了指标描述、分值占比、测评方式和备注说明，是得分或扣分的依据。详见该标准附录B。

三、综合得分

验收专家在该标准表B.1所示的"验收评分表"中按照实际情况逐项打分，满分分值为100分。专家打分的平均分值为综合得分，达到80分（含）以上为合格。

四、评分要求

每个评分点的最大扣分值不能大于该评分点的分值。

第六节　验收结论

验收既是数字城管建设的终点又是其发挥效能的起点，因此，验收结论应认真审慎，准确完整。

一、验收结论

（一）主要内容包括对管理模式、地理空间数据、应用系统、运行效果和文档资料的评价意见。

（二）应包括综合得分结果。

（三）应明确给出是否通过验收的结论。对未通过验收的，应写明存在的主要问题并提出整改意见或建议。

二、验收结论的体例框架

（一）验收过程描述；

（二）体制机制和队伍建设情况评价；

（三）系统平台建设情况评价；

（四）数据建设情况评价；

（五）试运行效果评价；

（六）文档资料是否齐全评价；

（七）综合得分；是否通过验收结论；

（八）进一步完善建设与运行工作的建议。

（九）若不通过，则应写明主要问题和整改意见。

验收结论的示例见该标准附录 D。

第七节　附　　录

本节给出了四个附录，其中附录 A、附录 B、附录 C 为规范性附录，附录 D 为资料性附录。

1. 附录 A 对 9 个基本子系统的模块构架和功能设置作出了明确规定。

2. 附录 B 为验收评分表。

列出了 5 个一级验收指标、18 个二级验收指标和 58 个评分点。

表中的备注给出了扣分分值，并规定了扣分的上、下限，使验收专家能够更加实际、细致地进行评分，充分体现评价的客观公正性。

3. 附录 C 列出了 25 项文档资料内容。

4. 附录 D 为验收结论示例。

第八章　数字化城市管理信息系统
第 7 部分：监管信息采集

第一节　概　述

数字化城市管理信息系统的业务流程包括 6 个阶段：信息采集、案件建立、任务派遣、任务处理、处理反馈和核查结案。信息采集是数字城管业务流程的第一阶段，是监管信息的数据源，是确保处理效果的重要手段，在数字城管业务流程中占有重要地位，对提高数字城管运行质量和效率，保证数字城管健康、可持续发展具有重要意义。

为此，编制了国家标准《数字化城市管理信息系统　第 7 部分：监管信息采集》GB/T 30428.7—2017，国家标准化管理委员会于 2017 年 7 月 31 日批准发布，自 2017 年 11 月 1 日起执行。

该标准共分前言、引言、正文和附录四部分。正文共分 7 章，19 条，37 款。

该标准对数字城管信息采集的相关术语、一般规定、流程与要求、管理要求和质量评价等问题作出了规定。

该标准适用于数字城管的监管信息，包括《数字化城市管理信息系统　第 2 部分：管理部件和事件》GB/T 30428.2—2013 规定的管理部件和事件，以及各地根据需要扩展的管理部件和事件的监管信息采集。还适用于监督举报信息核实、处置案件信息核查和专项普查等。

第二节　术　语

该标准共收入了监管信息、信息采集责任单位、信息采集、信息上报、信息核实、案件核查和专项普查 7 个术语。重点解读以下 5 个术语。

一、监管信息

定义：数字化城市管理信息系统中部件、事件及其他与城市运行相关信息的总和。

这一规定，使"监管信息"既包含了静态的《数字化城市管理信息系统　第 2 部分：管理部件和事件》GB/T 30428.2—2018 中的监管范围，又增加了动态的"扩展监管部件、事件"、专项普查等的外延，为数字城管平台纳入更多的管理内容提供了更大空间。

二、信息采集责任单位

定义：负责在规定区域、时间、范围进行信息采集的单位。

其含义是，信息采集责任单位可以是自行组建的专门队伍、也可以是授权的某个单位，还可以是委托的信息采集公司。无论哪一种，都应根据政府授权或合同约定，组织人员在规定区域、时间、范围内对监管的城市管理部件、事件问题信息进行采集上报。

三、信息上报

定义：监督员在责任网格内巡查，将监管信息（问题）拍照、填表、定位并上传的过程。

这一定义形象地规定和描述了监督员的作业流程，一目了然，易于理解。

四、信息核实

定义：监督员按数字化城市管理信息系统发送的指令，到实地对监督举报进行核对，判断问题是否属实，并将结果上传的过程。

其含义是监督员按照监督指挥中心的指令，依据相关标准规范，对社会公众通过电话、媒体、自媒体、互联网、物联网、领导批示、人大代表建议、政协委员提案和信访等渠道反映的城市管理问题信息进行现场核实，并上报监督指挥中心。

五、案件核查

定义：监督员按数字化城市管理信息系统发送的指令，到实地对专业部门处置结果反馈的案件进行核查并将结果上传的过程。

其含义是监督员按照监督指挥中心的指令，依据相关标准，到现场对相关专业部门处置案件的处置状况进行核查，确认是否达到结案条件并上报监督指挥中心。

第三节　一般规定

本节解读该标准的一般规定，包括组织方式、覆盖区域、人员、内容和表达方式。

一、组织方式

该标准对信息采集队伍的组建方式和确定信息采集责任单位的责任、权力及义务等两个方面作出了规定。

（一）信息采集组织的类型

该标准规定，"可以采用监督（指挥）中心自行组建、授权、委托等方式组建信息采集队伍"，这一规定给出了择定信息采集责任单位的三种选项：

1. 自行组建。即由地方政府为实行数字城管新组建的专业信息采集队伍。人员构成为政府部门招募的按国有企业制度管理的专职人员。有的地方招募了下岗失业人员。这种组织形式可以在一定程度上增加劳动就业，降低失业率。

2. 授权作业。即将数字城管的信息采集工作，授权给一个或若干个城市管理部门辖属单位。其人员构成一般为设施巡查、维护和城管执法队员，属于兼职人员。这种组织形式具有操作简单、节省信息采集费用等优点。

3. 委托服务。即政府管理部门为实施数字城管，按照"管事不养人，花钱买服务"原则，通过市场化运作，投资招募专业信息采集公司，承担数字城管的信息采集工作。其人员构成为在社会招聘的、能够满足信息采集业务需要的专职人员。

上述三种组织方式中，"自行组建"方式虽然是基于"监管分离"原理下由政府部门投资组建的专业信息采集队伍，但因其管理体制尚带有传统管理的痕迹，特别是因为增加部分人的就业机会而聘用下岗、失业人员，就往往在其运行管理上产生素质不适应、效率不高、管理难度大等矛盾和问题，而随之衍生的工资、福利和事务管理问题，将使管理成本大幅增加。"授权作业"方式，虽然操作比较简便，亦无需新增投资，但因其囿于传统城市管理的思维和运作定势，相关管理部门既是"运动员"，又是"裁判员"，有悖于数字城管"监管分离"的基本原理，极易导致运行过程与评价结果的非客观性。而"委托服务"方式，则是由政府城市管理监督部门与被委托方签订委托服务合同，实行契约式管理，将其服务收入与其所从事服务的质量效率结成利益链。这不仅减少了管理成本，提高了行政效能，而且进一步优化了"监管分离"原理，通过对发现城市管理问题实施监督的"信息采集"，到对处理后进行考核评价的"核查结案"两个重要节点实行全方位、全过程的监控，切实保证了数字城管关键数据的客观公正和真实可靠。

（二）信息采集责任单位的责任、权限和义务

该标准规定"监督中心应赋予并明确信息采集责任单位的权限、责任和义务"。其含义是，数字城管的实施机构（包括监督、指挥中心等），不论采用何种组织方式实施信息采集，均须签订双方达成一致的服务合同（协议），明确规定双方的责任、权限和义务，据以共同遵循。

二、覆盖区域

该标准规定了信息采集的服务范围，给出了服务区域分类以及责任网格划分的方法与要求。

（一）服务范围

该标准规定，信息采集范围"应与数字化城市管理覆盖范围相一致"。在实务运作中，应全面、深入、科学地理解这一规定的内涵，一方面应将实施信息采集的服务范围与数字化城市管理覆盖范围相符合，实现区域数字城管全覆盖；另一方面应以严谨的科学态度，实事求是地准确测算信息采集范围（面积）。一般而言，实际信息采集面积在扣除山丘、湖泊、机关企事业单位、公园以及封闭住宅所占区域等面积后，应小于数字城管的覆盖范围。认真评估信息采集服务面积，对于科学合理核算信息采集服务费用、降低数字城管运行成本具有重要意义。

（二）区域分类与责任网格

该标准规定"宜按实际需要划分区域类别和责任网格"，这一规定包括两层含义：

1. 划分和确定区域类别。区域类别界定应遵循的原则：定性与定量相结合；静态评估与动态评估相结合；部件数量测算与事件流量测算相结合。其含义是：先采用定性方法大致选择三种类型区域；对各类型区域的"单位面积部件数量""单位时间事件流量"进行静态和动态测试评估后，依据得出的数值由高至低顺序排定一、二、三类管理区域。

该标准给出的管理区域类别划分的一般规律是：

（1）一类管理区域，包括城市核心区、人流密集区、主要商业区、城管问题高发区、重要街道、重要河道和重点旅游景区等。

（2）二类管理区域，主要是城市的一般城区和次干道。

（3）三类管理区域，包括背街小巷、城乡接合部、拆迁区域和管理权限未移交区域等。

虽然当前大多城市均遵循上述原则划分数字城管覆盖区域的区域类别，但随着人民群众对居住环境和市政秩序需求的不断提升，已定的区域类别亦将发生相应变化，如"背街小巷"是市民居住相对聚集的区域，提高其区域类别，从而进一步加强监管工作，改进城市管理现状，是提高广大市民幸福指数的重要措施。

2. 划分和确定责任网格。责任网格是监督员巡查的单元网格的集合。责任网格划分应遵循的一般规律是：一类管理区域的责任网格所涵盖的单元网格少，三类管理区域所涵盖的单元网格多，二类管理区域的责任网格所涵盖单元网格数量介于上述二者之间。

三、人员

该标准对信息采集的巡查频度、巡查时速、巡查时间、信息采集责任单位的监督人员定额核算，以及监督员业务操作技能培训等作出了规定。

（一）人员定额

该标准规定"宜结合数字化城市管理覆盖范围、巡查频度、巡查时速、巡查时间等因素核算监督员定额"。此外，随着智能化信息采集技术的广泛应用，将有效提高劳动生产率，提升信息采集工作质量与效率，同时监督员人数也将随之减少。因此在核定监督员定额时应考量智能化采集带来的成本降低因素。需要说明的是，在《数字化城市管理信息系统　第 2 部分：管理部件和事件》30428.2—2013 附录 B 的验收评分表中设置了"建立专职的信息采集监督员队伍，配置比例宜每平方公里不少于 1 人"的验收指标，各地可结合实际情况参照执行。

（二）巡查频度

巡查频度，是指监督员每天在其责任网格内沿巡查路线进行巡查的次数。该标准要求宜按照以下规定设定巡查频度：

1. 一类管理区域每天不少于 4 次；

2. 二类管理区域每天不少于 2 次；

3. 三类管理区域每天不少于 1 次。

需要指出的是，为了提高城市居民对城市管理进步的获得感，提升生活幸福指数，目前已有许多城市将"背街小巷"纳入"一类管理区域"予以监管。

（三）巡查时速

巡查时速，是指监督员在其责任网格的巡查路线上巡查时，每小时行进的距离。该标准规定"宜按照以下规定设定巡查时速"：

1. 徒步行走巡查 3～5km；

2. 使用非机动车辆巡查 10～12km；

3. 使用机动车辆巡查 20～30km；

4. 使用船只巡查 10～15km。

（四）巡查时间

巡查时间，是指在 1 个工作日（24 小时）中，规定监督员在数字城管覆盖区域（责任网格）内进行巡查的时间长度。该标准规定"宜根据数字化城市管理信息系统运行需要制定巡查时间。"其含义是，既可以24小时"全天候"巡查，也可以根据需要灵活掌握。现行的巡查时间一般为夏季6时至21时；冬季7时30分至19时；春、秋季7时至20时。

（五）人员技能

监督员必须具备能够适应信息采集工作需要的基本素质。该标准要求监督员"应熟悉监督信息采集有关规定、业务流程、操作程序和熟练掌握监管信息采集设备的操作技能，经考核合格后上岗"。

1. 监督信息采集有关规定，主要包括采集对象、岗位操守、工作纪律等。

2. 业务流程，是指监督员进入责任网格后各工作环节的排列顺序（参见本章第四节规定的业务流程）。

3. 操作程序，是指从"发现问题"到完成"信息上报"的全过程，包括"一事一报""案情描述""案件定位"等。

4. 采集设备操作技能，采集设备是指能够"实现数字化城市管理监管信息的采集、报送、核实、核查等任务的移动通信手持设备——城管通"。监督员应全面掌握其采集和上报功能、查询功能、配置功能、安全功能和其他功能，熟练完成信息采集和上报任务。

5. 培训考核，是指应制定上述岗位技能的学习培训计划和考试考核制度，坚持经常性学习培训，实行定期、不定期的考试考核，合格者上岗巡查，不合格者下岗培训。在实际工作中，基于监督员流动性较强特性考量，监督中心和信息采集责任单位都应重视培训工作，采取"采集责任单位为主，监督中心为辅"的培训考核方法，即在采集责任单位对监督员进行培训考核的基础上，监督中心采取"会考"和抽验等方式，检验各采集责任单位的培训效果，促使其提升培训考核质量，提高监督员的综合业务素质。

四、内容

该标准规定上报信息要素、信息采集对象和信息采集工作应遵循的原则。

（一）上报信息要素

该标准规定监督员上报的信息中"应包括监管信息的地点、大类、小类、状态、位置坐标等"。

上报信息中对上述要素进行完整记录和详细描述，就可以为受理、立案、派遣、处置和核查结案提供可靠的数据支持。

（二）信息采集对象

该标准规定监督员采集上报信息"应符合《数字化城市管理信息系统　第2部分：管理部件和事件》GB/T 30428.2的规定"。

其含义是应将列入《数字化城市管理信息系统　第2部分：管理部件和事件》GB/T 30428.2—2013的管理部件、事件的大类小类，以及自行扩展的部件和事件全部作为监管信息采集对象。

（三）信息采集原则

该标准规定信息采集"应符合公平公正、真实可靠、应采尽采、自行处置"的原则。

其含义是应确保监管信息采集符合实际情况，能够全面、客观反映城管实际情况，并由监督员在必要情况下对简易问题做好处理。其中规定了三方面原则：

1. 强调监管信息采集的全面性。应将在数字城管覆盖范围内的"信息采集对象"发生的问题全部采集上报，不可漏报。

2. 注重监管信息采集的真实性。应实事求是地反映城市管理问题，兼顾城市管理部件、事件问题类别，不得"避重就轻"，更不允许弄虚作假。在实践中，有些城市根据地方实际，规定了"小广告""沿街晾挂"等多发性案件的上报比例，有效提高了上报信息的类别覆盖率。

3. 实行有条件的"自行处置"。是指监督员在巡查过程中对发现的轻微城市管理问题，在力所能及情况下予以自行处理的行为。一般称为"举手之劳"。宜根据实际情况确定轻微城市管理问题的种类。

另外，应把握监管信息采集工作的原则性与灵活性。在强调监管信息采集的真实性和全面性的同时，应根据本地实际进行适当调整，对于不能实现"全天候"处置数字城管案件的城市，其信息采集就未必实行 24 小时工作制，避免浪费采集成本。对于有季节性限制的管理部件、事件的采集和处置，如冬季北方地区的行道树缺失、道路破损等，应实事求是地予以科学合理管控，以节省行政资源，提高工作效率。

五、表达方式

该标准规定了上报信息的表达方式"*应包括照片、文字、坐标信息，可增加音频、视频等*"。

（一）照片

上报的照片应清晰直观，一般应拍摄近、远景照片各 1 张，近景照片要求能辨清问题特征，如对堆物体积、破损面积等；远景照片应有背景参照物，如地标性建筑物、店铺牌匾、道路标识等。核查时应尽可能在同一位置拍摄照片。问题现场照片是监督中心立案、处置单位研判问题性质的重要依据。

（二）文字

就是监督员在发现并采集问题时，以文字形式描述问题现场的地址、地理位置和问题状况。要求描述准确，言简意赅。

（三）坐标信息

监督员上报问题信息时，应将发生问题现场在电子地图中的位置予以准确定位。

（四）音频、视频

监督员信息上报以图文为主，根据需要也可以采用音频和视频方式报告信息。

第四节　流程与要求

本节主要规定了信息采集中 5 种不同的业务流程和操作要求。

一、流程

该标准规定了监督员巡查、信息上报、信息核实、案件核查和专项普查 5 个业务流程。

（一）巡查流程

指监督员在其责任网格内，从抵达巡查地点登录系统到按照规定路线巡查、发现并上报问题信息、核实问题、核查案件、填写交接记录及退出系统的全过程，如图 8-1 所示。

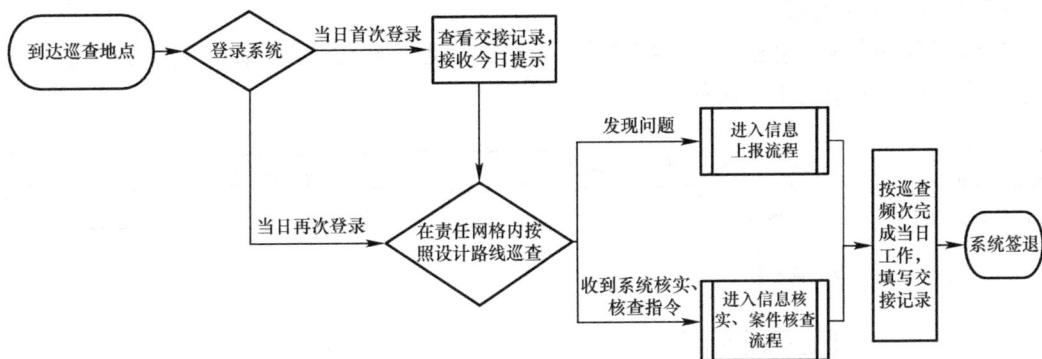

图 8-1　巡查流程图

监督员在巡查工作中应掌握以下要点：

1. 按规定时间到达所负责巡查的责任网格，将监管采集设备"城管通"登录数字化城市管理信息系统；

2. 查看工作交接记录，接受工作任务；

3. 按照规定的巡查频度和巡查路线进行巡查；

4. 在责任网格内进行"全覆盖、地毯式、无死角"巡查，并将发现的城管问题按规定要求采集上报；

5. 按系统指令按时完成信息核实和案件核查任务；

6. 按巡查频度完成当日工作，填写交接记录，退出系统。

（二）信息上报流程

指监督员在巡查中从发现问题到按规定进行一系列业务操作直至完成采集上报任务的工作过程，如图 8-2 所示。

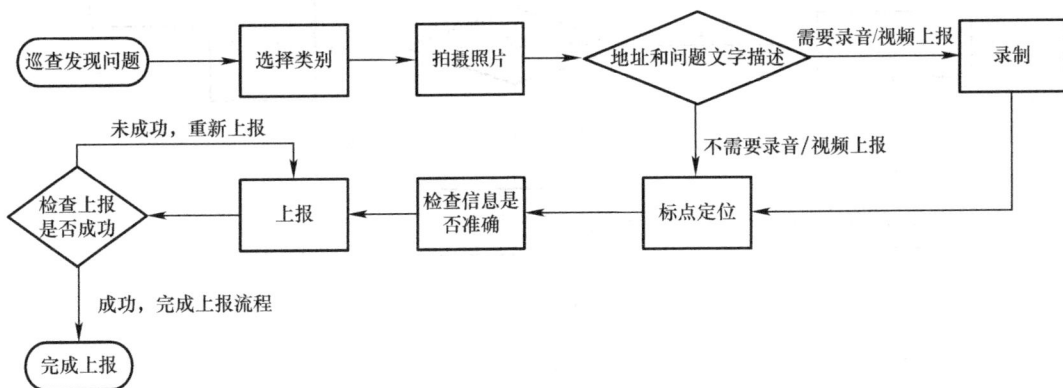

图 8-2　信息上报流程图

监督员在采集上报工作中应注意以下要点：

1. 严格按流程操作，包括类别选择、拍摄照片、录音录像（根据需要）、描述地址、坐标定位等，都应一丝不苟、严肃认真。

2. 严格执行《数字化城市管理信息系统　第 2 部分：管理部件和事件》GB/T 30428.2—2013 标准，采集上报所发现的全部部件、事件问题信息。

（三）信息核实流程

指监督员自接收信息核实的系统指令、赴核实地点、现场研判、酌情处理到回复核实信息或进行信息上报的工作流程，如图 8-3 所示。

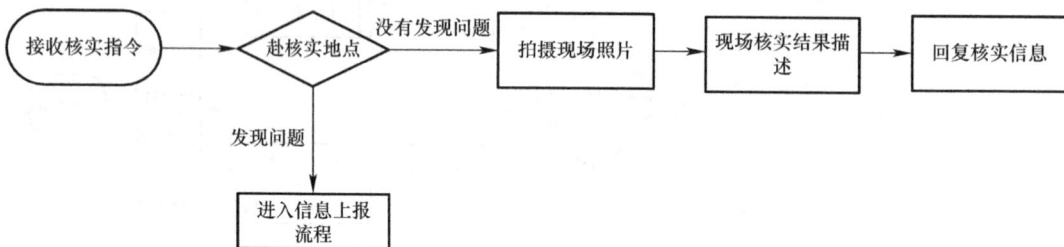

图 8-3　信息核实流程

对于需要核实的信息，监督员应本着认真负责原则，注重核实工作的及时性和准确性。监督员接收核实信息后，应立即查阅弄清任务详情，迅速到达核实地点，找准问题事发位置，认真研判信息真伪，尽快进入相关操作流程，按规定时限回复核实情况或进入信息上报流程。

（四）案件核查流程

指监督员自接收案件核查的系统核查指令、下载查阅核查案件信息、及时赶赴核查案件现场到查看研判案件处置状况直至酌情做出"通过"或"不通过"选择，完成信息上报的工作流程，如图 8-4 所示。

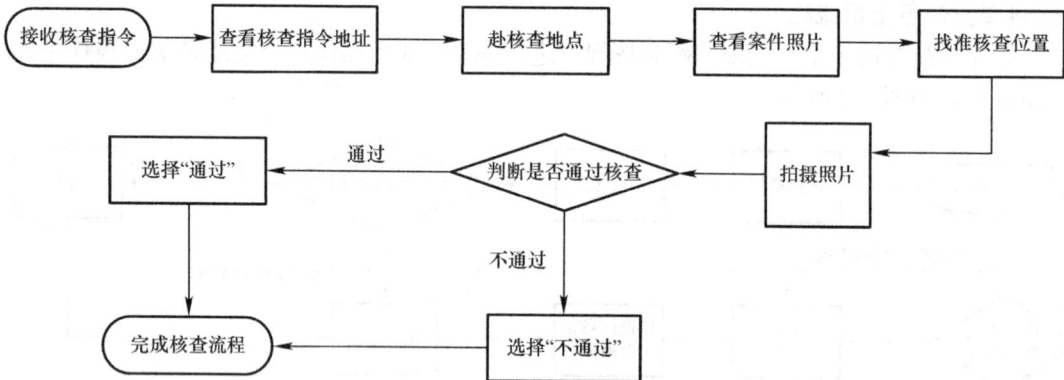

图 8-4　案件核查流程图

监督员在案件核查作中应注重以下要点：

1. 时效性。应按时接收案件核查信息，在规定时间内完成案件核查的业务流程，不能因为核查环节延误时间而影响案件处理单位的考核评价结果。

2. 准确性。应依据《城市市政综合监管信息系统　监管案件立案、处置与结案》CJ/T 315—2009 的相关规定，给予所核查案件的处理状况以公正评价。

3. 原则性。应坚持实事求是，严格执行标准，不允许非正当因素影响案件的核查结果。

（五）专项普查流程

根据监督中心的专项普查指令，在规定时间内对指定的管理部件、事件的现状或其他管理对象进行调查，并对相关信息予以收集、上报的业务流程，如图8-5所示。

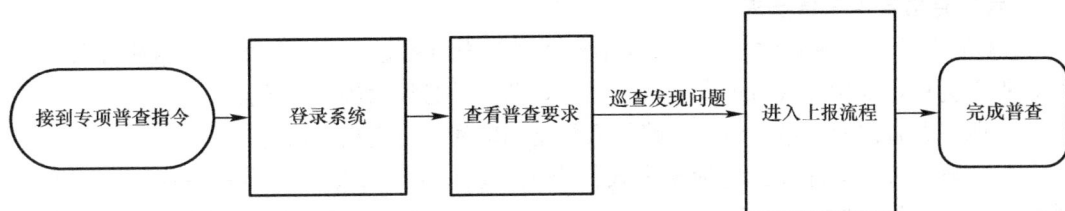

图8-5　专项普查流程图

二、操作要求

该标准为规范监督员全过程的监管信息采集工作行为，共提出11项操作要求。

（一）巡查时间及巡查频度要求

该标准规定"应在规定时间内按规定的巡查频度对责任网格进行巡查"。监督员满足这一要求应理解并执行3个关键词：

1. 规定时间，即在既定上岗时间到达巡查地点，并按规定时段开展巡查工作。

2. 巡查频度，即按责任网格所属管理区域等级要求每天巡查的次数进行巡查。

3. 责任网格，即应在所负责的责任网格内进行巡查。

（二）接收指令及回复时限要求

该标准规定"应经常检查和及时接收核实、核查指令。根据区域管理要求不同，核实核查结果宜在2小时内回复"。监督员执行这一要求应注重2个环节：

1. 及时接收指令。监督员在巡查过程中应把查看"城管通"信息作为习惯性动作，以便及时接收核实、核查指令。

2. 及时回复结果。监督员接收指令后应立即赶赴现场进行工作、回复结果。虽然该标准规定宜在2小时内回复，但核实时限一般不超过30min。

（三）信息上报要求

该标准规定"宜一事一报监管信息"。这一要求包含了2层含义：

1. 每一个城市管理问题都是独立的，监督员在巡查中每发现一个问题都需要上报一条信息，即"一事一报"。

2. 若在目测范围内发现同一类别问题，如同一路段多处占道经营、一面墙壁多条小广告等，则可作为一条信息上报，但须在文字描述中说明相关情况。

（四）照片信息要求

该标准规定"应上报清晰并包含监管信息全貌、关键性局部、特写的照片。核查照片应与上报照片同地点、同角度、同背景"。要满足上述要求，监督员必须熟练掌握"城管通"的设备性能，按操作规范拍摄每一张照片。一般宜上报2张及以上照片，一张近景照片，要求看清问题特征，一张全景照片，要求有背景参照物。

（五）音频及视频信息要求

该标准规定"宜上报不超过 20s 的音频、视频。录音、录像时应说普通话，语音清晰、语句简短完整"。监督员上报信息应以照片、文字形式为主，只在需要情况下"可增加音频、视频等"。

（六）专项普查信息要求

该标准规定"应根据需求制定方案后组织实施专项普查，专项普查示例参见附录 A"。以附录 A 为例，要做好人行道专项普查工作，监督员必须明确 4 个要点：

1. 明确普查内容：市区市管道路的人行道问题和人行道相关情况。

2. 明确普查立案标准：包括缺失人行道板一块以上，破损人行道板一块以上，人行道板松动或沉降 2 平方米以上，人行道板材质，以及是否为停车泊位或周边是否有停车泊位等。

3. 明确普查要求：包括拍摄 3 张照片（有明显参照背景的全貌照片；反映出问题所在的局部照片；反映现场用卷尺测量的特写照片）；描述格式：地址＋问题＋材质＋停车泊位情况＋面积（或块数）等。

4. 明确普查完成时限：包括开始普查时间和完成普查信息上报时间。

（七）突发事件上报要求

该标准规定"应立即上报符合《数字化城市管理信息系统　第 2 部分：管理部件和事件》GB/T 30428.2—2013 规定的'突发事件'类型，并对处置情况进行跟踪，直至案件处置完毕并结案"。在《数字化城市管理信息系统　第 2 部分：管理部件和事件》GB/T 30428.2—2013 中规定了 11 小类突发事件，即供水管道破裂、燃气管道破裂、排水管道堵塞、热力管道破裂、路面塌陷、路面塌陷、道路积水、道路积雪结冰、架空线缆脱落、火灾、伤亡事故等。监督员在处理上述突发事件时应做好以下工作：

1. 及时上报。若是巡查时发现的，应按要求立即准确上报；若是监督举报需要核实的，应优先对待，确保 20min 内到达现场予以核实上报。

2. 电话确认。核实上报后，应在第一时间与监督指挥中心电话确认信息上报成功。

3. 报告备案。应将此案卷信息上报及确认情况电话报告上一级负责人或信息采集责任单位负责人。

4. 现场等候。应在事发现场设置警示标志，等候处置人员到达。若上报信息半小时后无人前来处理，则应电话请示监督指挥中心并按其答复办理。

5. 处置跟踪。处置人员到达现场后，监督员可离开现场继续进行正常工作，但需每隔半小时到事发地点对案件处置情况跟踪督察一次，并将相关处置信息报告监督指挥中心，直至案件处置完毕并结案。

（八）监管信息采集要求

该标准规定"应准确、真实、完整、及时采集监管信息，定位应符合《数字化城市管理信息系统　第 2 部分：管理部件和事件》GB/T 30428.2—2013 的规定"。这一要求包含了 3 层含义：

1. 采集对象应包括《数字化城市管理信息系统　第 2 部分：管理部件和事件》GB/T 30428.2—2013 中规定的全部管理部件、事件以及本地区扩展的管理部件和事件。

2. 对监管信息的采集应做到"准确、真实、完整、及时"。

3. 采集信息的定位精度应符合《数字化城市管理信息系统　第2部分：管理部件和事件》GB/T 30428.2—2013规定，部件平面定位精度要求见表8-1：

部件平面定位精度要求　　　　　　　　　　　　　　　　表8-1

序号	精度级别	中误差（m）	说明
1	A类	≤±0.5	空间位置或边界明确的部件，如井盖、路灯等
2	B类	≤±1.0	空间位置或边界较明确的部件，如垃圾箱、亭、户外广告等
3	C类	≤±10.0	空间位置概略表达的部件，如桥梁、停车场等

（九）巡查范围要求

该标准规定"应在指定的责任网格内按规定的巡查频度进行巡查，监管区域覆盖率应达100%"。其含义是监督员应按照本责任网格规定的巡查频度，对该区域进行全覆盖、无死角的全面巡查。

（十）监管信息采集质量及效率要求

该标准规定"应完成核定的工作量，月检查漏报率（部件、事件）不应大于5%，核实核查回复率应达100%"。这一规定包含了3项内容：

1. 工作量要求。即应完成核定的工作量。一般宜将监督员1个工作日的信息上报和案件核查数量各定为10条左右。同时，宜将"核定工作量管理办法"与"监察考核办法"结合运用，以防止上报虚假信息，以及上报信息质量、效率偏低问题。

2. 漏报率限定。该标准规定"月检查漏报率（部件、事件）不应大于5%"，这是综合国内业态状况设置的较为宽松的规定上限，一般应将月检查漏报率（部件、事件）设定更加严格的考核指标，宜在1%以内。有条件的城市可以将漏报率指标设置得更加严格。

3. 核实核查回复率要求。该标准规定"核实核查回复率应达100%"，监督员要达到这一要求，就应遵守巡查、核实、核查的业务流程，随时发现和接收系统相关指令，迅速到达核实核查地点，完成业务操作，及时回复相关信息。同时，应严格执行相关标准，不断提高"按时核实率"和"按时核查率"。

（十一）自行处置轻微问题要求

该标准规定"宜按规定自行处置轻微问题"。

这一规定的含义是，监督员在巡查过程中，若发现轻微管理部件、事件问题，提倡自己动手予以解决或消除，以减少处置环节，提高处置效率。如采集责任单位自发组织的"举手之劳"活动。一般可将下列事项作为轻微管理部件、事件问题：

1. 未达到立案标准的小广告（张贴不牢、易于清理）。

2. 果皮箱、垃圾箱（房）门未关或盖子移位。

3. 果皮箱、垃圾箱（房）外存在少量袋装生活垃圾或建筑垃圾（如重量不超过5千克，距离垃圾箱30m以内）。

4. 塑料或其他轻型材质的交通护栏、隔离墩轻微移位、脱节、侧倒。

5. 平侧石轻微移位（无破损）。

6. 各类交接箱（电力交接箱除外）门未关（设施无破损）。

7. 距地面较低且无破损的公益横幅卷曲（无需专业工具）。

8. 距地面较低的非装饰性吊挂。

9. 井盖微度移位（在能力范围内）。

10. 距地面较低且能够确认已枯死的小条树枝挂落等。

第五节　管理要求

该标准对信息采集工作的管理制度、监督检查内容和工作考核方法作出了明确规定。

一、管理制度

该标准作出了 2 方面的制度规定，一是制定对"信息采集责任单位"和"监督员"总体质量评价的有关规章制度；二是制定规范考核"监督员"各业务环节工作行为的有关规章制度。

（一）制定质量评价制度

该标准规定"应制定信息采集责任单位质量评价、监督员评价等相关规章制度"。这一规定要求制定 2 方面评价制度：

1. 制定对信息采集责任单位的质量评价有关规章制度。该制度应由政府授权的数字化城市管理实施机构（一般为数字化城市管理监督指挥中心）负责制定，主要是建立健全对信息采集责任单位的质量管理体系、制定质量管理控制制度、落实管控重要节点的有效措施、改进漏报与投诉问题的解决方案以及质量评价考核奖惩办法等。

2. 制定对监督员的评价规章制度。该制度应由信息采集责任单位负责制定，主要包括对监督员的业务素质、信息上报数量及质量评价等考核奖惩办法。

（二）制定落实监督员工作考核制度

该标准规定"应制定并落实巡查上报、核实核查、专项普查、考勤管理、绩效考核等相关规章制度"。

信息采集责任单位应按此规定，依据与监督指挥中心签订合同约定的相关指标，制定具体的管理和考核指标体系，切实将信息采集全流程、各环节的规章制度落实到位。

二、监督检查

该标准作出了两方面的检查内容规定：

（一）检查信息采集公司人员情况

该标准规定"应对监督员的配置、到岗情况进行检查"。按此规定，监督指挥中心应依据与信息采集责任单位所签服务合同约定，采取审查员工工资表、查看监督员系统登录情况等方法核实监督员在岗信息，也可以采取网上查看监督员实时在岗情况，或随机赴责任网格抽查，若在规定时间内未能到位响应即视为空岗，应对信息采集责任单位以相应处罚。

（二）检查监督员工作情况

该标准规定"应对监督员上报信息的数量和质量进行检查，检查的对象和范围宜采取随机抽查的方式确定"。按此规定，监督指挥中心可采用查看系统报表、随机抽查、巡查、监察等方法进行检查。对此，有些城市的现场监察方法为，派出检查组到选定区域，在与监督员复合的巡查时间和巡查路线上，采集符合立案标准的城市管理问题并在数字城管信息系统里与该区域监督员的上报信息进行比对，未上报或超时上报的认定为漏报，即按照有关规定予以处罚。

三、工作考核

该标准作出了3方面规定，一是对信息采集公司的工作情况进行考核；二是对监督员的工作情况进行考核；三是考核结果对外公示。

（一）考核信息采集责任单位工作

该标准规定"对信息采集责任单位应考核监督员配置、到岗情况、业务培训、工作纪律及完成任务的质量与效率等"。

其含义是，监督指挥中心在与信息采集责任单位签订服务合同时，应对信息采集公司至少应做出如下明确规定：

1. 工作任务，包括信息采集面积、配备监督员人数、巡查时间、巡查时速、上报信息数量、分区域巡查频度、核实核查时限、专项普查、应急预案等，以及与其相关的质量与效率指标要求。

2. 工作职责，包括职业培训、考勤制度、工作纪律、安全生产、劳动保护、企业文化等，以及与其相关的具体工作要求。

3. 考核办法，包括对信息采集责任单位的具体考核方法及奖惩细则等，宜将考核结果与采集经费挂钩浮动。

（二）考核监督员工作

该标准规定"对监督员应考核工作纪律、信息采集质量、巡查区域覆盖率、巡查频度等"。对此，监督指挥中心和信息采集责任单位应对监督员制定包括以下内容的考核评价体系：

1. 工作纪律。主要考评监督员的工作态度、考勤情况、巡查覆盖面、岗位操守等日常工作表现。

2. 信息采集质量。主要考评监督员的业务素质，包括工作量、案件类型覆盖面、上报信息有效率、漏报率、核实核查及时率、轻微问题处置量，等等。

3. 职业道德。主要考评监督员的执业操守，弘扬拾金不昧、见义勇为、无私奉献等优良社会公德精神；惩处上报虚假信息、利用职务"吃拿卡要"及其他造成不良社会影响的有责行为。

4. 考核办法。应制定具体的考核细则，奖优罚劣。对违反职业道德的现象和责任人应予严肃处理。

（三）考核结果公示

该标准规定"考核结果应在一定范围内进行公示"。

这一规定的意义在于，通过公开表彰先进和惩处落后，充分发挥考核评价的激励作用，全面提高信息采集工作水平。

第六节　质　量　评　价

该标准规定了信息采集工作的"评价要求"和"评价对象"。

一、评价要求

该标准作出了 2 方面规定，一是评价方法，二是评价周期。

（一）评价方法

该标准规定"应结合系统生成的评价结果和通过现场检查得出的评价结果进行质量评价"。

其含义是监督指挥中心在制定对信息采集责任单位和监督员的考核评价办法及考评公式时，应将"系统生成评价结果"与"现场检查评价结果"有机结合，根据需要设置不同指标的权重比例，保证考评结果科学合理。

（二）评价周期

该标准规定"可采用月、季、半年和年为周期进行评价"。

其含义是监督指挥中心可以根据需要，确定对信息采集公司和监督员的评价周期。

二、评价指标

该标准作出了 3 方面规定，一是评价指标组成，二是质量评价对象，三是可扩展评价指标。

（一）评价指标组成

该标准规定"评价指标的组成应符合《数字化城市管理信息系统　第 4 部分：绩效评价》GB/T 30428.4—2016 的规定，示例参见附录 B"。《数字化城市管理信息系统　第 4 部分：绩效评价》GB/T 30428.4—2016 规定了"评价基本指标"和"评价比率指标"两大类评价指标。监督指挥中心应以此为依据，制定对信息采集责任单位及监督员的质量考核评价办法。

1. 评价基本指标，包括监督员上报数、问题总数、应核实数、按时核实数、监督举报核实数、漏报数、核查数、按时核查数等。

2. 评价比率指标，包括监督员有效上报率、漏报率、按时核实率、按时核查率等。

（二）质量评价对象

该标准规定"应对责任单位和监督员工作情况进行质量评价"。

其含义是，在制定考核评价办法对信息采集责任单位进行质量工作考评的同时，还要加强对每一位监督员的考核评价，切实落实各项工作措施，全面提高信息采集质量与效率。

（三）可扩展评价指标

该标准规定"各城市可根据本地实际情况扩展评价指标"。

其含义是，除"评价基本指标"和"评价比率指标"外，可以根据本地实际，从《数字化城市管理信息系统　第 4 部分：绩效评价》GB/T 30428.4—2016 附录 A 中选择扩展指标，也可研究提出新的信息采集工作的考核评价指标，并且纳入整体考核评价指标体系一并进行考评，以进一步提升监督员综合素质，提高信息采集工作水平。

根据实践经验，可以在以下方面扩展评价指标：

1. 扩展的评价基本指标，包括监督员有效上报数、上报信息错报数、同区域同案卷反复发案数、上报信息小类分布数、轻微问题处置数等。

2. 扩展的评价比率指标，包括监督员上报信息错报率、同区域同案卷反复发案率、上报信息小类覆盖率、监督举报核实率等。

第七节 附 录

该标准给出附录 A 和附录 B 两个附录，均为资料性附录，其中：附录 A，为专项普查示例；附录 B1，为信息采集质量评价示例，附录 B2，为某市自行组建采集方式信息采集监督员岗位评价月度评分表，各城市可结合实际参考借鉴。

第九章　数字化城市管理信息系统
第8部分：立案、处置和结案

第一节　概　　述

数字城管的特点是主动发现问题、快速解决问题，为此创建了7个环节的闭环业务流程，即信息采集、案件建立、任务派遣、任务处置、处置反馈、核查结案和综合评价。其中，立案、处置和结案是实现数字城管"第一时间发现问题，第一时间解决问题"的3个重要环节。

为强化标准在数字城管运行阶段的规范作用，实现系统内立案、处置和结案业务操作和工作原理的同一性，并根据各城市不同管理区域的需求，进行梯度管理和差异化管理，编制了《数字化城市管理信息系统 第8部分：立案、处置和结案》GB/T 30428.8。该标准于2020年4月由国家标准化管理委员会批准发布，自2020年11月1日实施。

该标准共分前言、引言、正文和附录四部分。正文共分7章，24条，26款。

该标准主要规定了数字城管立案、处置和结案的案件分类依据、工作时限规定、管理要求、应用要求及智能化拓展应用等内容，对案件处置责任主体、处置过程及完成情况实施标准化监督，以指导数字城管有效运行。

该标准适用于数字城管的立案、处置和结案。城市其他管理应用可参照执行。

第二节　术　　语

该标准定义了责任主体、立案、派遣、处置、反馈、核查、结案、工作时限、处置时限、工作日、工作时、紧急工作时和紧急监管案件等13个术语。

一、责任主体

责任主体，是指依据法律法规对管理部件和事件承担巡查、养护、管理、执法等责任的法人或自然人。

"责任主体"术语的引入，是为了明确部件和事件处置的责任主体部门，当出现城市管理部件和事件问题时，由责任主体部门负责给予及时处置使之恢复正常。因此，应在进行数据普查时，做好部件和事件产权、事权的确权、确责工作，为框定责任减少无主责案件，精确处置提高效率质量奠定基础。

"责任主体"亦称为"专业部门"，一般指组织机构，也可为"自然人"。

二、立案、派遣、处置、反馈、核查、结案

从案件建立到核查结案，该标准将立案、处置和结案3个重要环节细分为立案、派

遣、处置、反馈、核查和结案等阶段，其中：

立案，是指受理员对接收的符合条件的城市管理问题建立案件，并启动数字化城市管理信息系统业务流程的活动，即规定由监督中心坐席员和值班长对通过专业信息采集监督员、电话热线举报、公众号或 APP 上报、媒体自媒体反馈、领导交办等渠道发现的问题信息等进行甄别，符合立案条件的建立案件，并进入业务流程的下一个阶段（注：由于本文将闭环管理的 7 个部分定义为"环节"，故将其细分的工作统一改为"阶段"，参见上面的第一自然段。下同。），将案件批转指挥中心进行任务派遣。

派遣，是指根据职责分工，由指挥中心的派遣员，在规定的时限内将上一阶段立案后批转来的案件，分派给对该案件负责的责任主体的工作。

处置，是指责任主体接到立案案件后，按照相关要求对案件进行处理的活动。即责任主体接到指挥中心派遣的案件后，按照规定的案件处置时间和处置标准，在第一时间通知相关责任单位或责任人去现场对案件进行处理。

反馈，是指责任主体完成了案件的处置工作后，按照规定的内容要求将其处置结果回复到指挥中心的工作。

核查，是指责任主体反馈处置完成的结果后，监督员按照指挥中心的指示到案件发生的现场进行检查核实，并按规定时限将核实结果回复指挥中心的工作。

结案，是指案件处置完毕，经核查，受理员确认符合有关条件后，结束该案件在数字化城市管理信息系统中业务流程的活动。通过监督员去现场核查案件处置状况，以实地观察和拍摄照片作为依据，对达到标准要求的案件结束流程存档；对未达到标准要求的案件，则退回责任主体重新处理，直至问题处置达到标准，方可结束案件流程并将全部流转过程记录存档。

三、工作时限、处置时限、工作日、工作时、紧急工作时

工作时限，是指在数字化城市管理信息系统的业务流程中，各阶段从工作开始到完成的限定时间段。本标准规定案件流转的每一个阶段都必须限定从开始到完成的时间段。处置时限特指处置阶段的限定时间段。定义处置时限术语，是为了明确和强化与责任主体密切相关的工作时限，也是提高案件处置效率的促进措施。

时间段的计量单位分为工作日、工作时和紧急工作时。工作日和工作时一般就是正常工作时间范畴，紧急工作时不分工作时间和休息时间连续计算。

工作日，是指法定节假日、休息日外，以日为计算单位的工作时间。每日工作起始和结束时间各城市可以分别规定，如有的城市作如下规定：

> 每年 4 月～9 月：上午 8：00—12：00，下午 15：00—18：00
>
> 10 月～次年 3 月：上午 8：00—12：00，下午 14：30—17：30
>
> 注：所有双休日和节假日均不计时

紧急工作时，是指以小时为计算单位连续计时的工作时间，无论是在工作日的标准工作时间还是法定节假日、休息日都连续计时。

四、紧急监管案件

紧急监管案件，是指可能产生严重后果、需要紧急处置的案件。此类情况一般指由于城市突发自然灾害、突发部事件问题等原因而出现的对人民生命财产安全产生严重后果的问题，比如城市路面塌陷、设施毁损、洪涝灾害、冰雪灾害等，都应该第一时间上报问题、第一时间立案、第一时间解决，必须采用"紧急工作时"作为计时单位进行连续计时。

第三节 案件分类依据和工作时限规定

本节介绍城市管理案件的分类依据及扩展规定、工作时限设置的一般规定，对各类案件的处置时限进行了较为详细的规定。

一、案件分类依据

该标准规定，案件分为部件类案件和事件类案件。这里应注重两点：第一，该标准规定部件和事件的分类参照国家标准《数字化城市管理信息系统 第 2 部分：管理部件和事件》GB/T 30428.2；第二，可以按照 GB/T 30428.2 第 7 章的规定，根据实际管理需求扩展部件和事件案件类型。在该标准附录 C 中，给出了已运行数字城管城市常见的扩展部件和事件类型。各地要根据当地管理状况，在附录 C 的基础上选择或扩展相应的类型。

二、工作时限规定

一般情况下，各阶段的工作时限都是在工作日的工作时间内进行计算，其中，立案、派遣、反馈、核查和结案阶段的工作时限通常以 min 为计量单位，处置阶段的工作时限以工作日或工作时为计量单位。

该标准发布前，由于未规定案件业务流程的时限要求，致使案件处置时限差异较大，有的案件长时间滞留处置部门，甚至积压作废，降低了案件处置效率与质量。设置"工作时限"规定并将其纳入绩效评价指标体系，可以加快案件流转，促进责任主体尽职尽责，提高案件按期结案率。

该标准将每个小类案件的工作时限按时间长短分为可选的 A、B、C 三类，其中 A 类工作时限最短，C 类工作时限最长，B 类工作时限适中。该标准规定的工作时限最短的为 1 个工作时，部件类最长为 15 个工作日，事件类最长为 30 个工作日，"违法建设"类事件的工作时限则需要"按法定程序实施"。

该标准之所以对同一类案件给出 A、B、C3 个可选的工作时限，主要因为我国城市存在南方北方、城市类别、基础设施条件、管理水平以及城市经济发展水平等方面的差异性，同一类案件的工作时限设置不宜一刀切。各城市可根据自身条件，对监管的每一类部件和事件的工作时限分别选择适当的 A、B 或 C 类，在同一城市保证同类监管区域内相同类型案件的处置时限一致即可。当然，就总体而言，选择 A 类越多越好，表明当地的管理水平和处置效率比较高，也可循序渐进逐年提高 A 类案件比例。

该标准还设置了紧急监管案件和紧急工作时，如井盖缺失、煤气管道泄漏、自来水管破裂、路面塌陷等部件、事件问题，会损害人民生命财产安全，产生严重后果，必须紧急处置。设置紧急工作时，顾名思义，即立案、派遣、处置、反馈、核查和结案等阶段都必须紧急处理，无论是工作时间还是休息时间，都应随时响应，迅速处置，及早解决问题。

第四节 管理要求

本节介绍每个小类案件均应遵循的立案条件、处置时限和结案条件，以及各阶段的管理要求。

一、一般规定

规范性附录A中给出了按照国家标准《数字化城市管理信息系统 第2部分：管理部件和事件》GB/T 30428.2规定的每个部件和事件小类的立案条件、可选处置时限和结案条件，各城市需要结合本地管理要求，选择具体的处置时限。

在确定处置时限时，首先要对监管区域进行分类。监管区域分类，是指按照国家标准《数字化城市管理信息系统 第3部分：地理编码》GB/T 30428.3表7的规定进行的划分。监管区域分为一类、二类和三类，见表9-1。

数据采集区域类别划分表（监管区域）　　表9-1

序号	区域类别	说明
1	一类区域	核心区、人流密集区、商业区、重点街道和重点旅游景区
2	二类区域	一般城区
3	三类区域	城乡接合部、拆迁区和权属未移交区等

监管区域分类的目的，是确定日常管理的严格程度。一类区域作为严管区域，问题发生的立案条件高于二类、三类区域；二类、三类区域系非严管区域，其监管要求相对较低，比如上水井盖或污水井盖破损超过$25cm^2$，在一类区域规定2个工作时内解决，而三类区域只需要6个工作时内解决即可。但是，随着人民群众对城市环境质量要求的日益增长和城市管理水平的不断提升，很多城市已不再划分区域类别，所辖区域全部按照一类区域的相关规定进行监督管理。

按照监管区域的划分，各地确定处置时限有两种方案：

第一种方案是监管区域不分类，但应统一标准，只需要在附录A的基础上，为每一个小类每一个立案条件和结案条件，在A、B、C三类中选择一个处置时限，示例见表9-2，完整示例见该标准附录B.1。表9-2"处置时限"一列括号中的A、B或C表示选择了哪一类处置时限。如立案条件为"破损"，选择A类处置时限，立案条件为"外观不洁"选择C类或B类处置时限，即同一小类不同立案条件可以选择不同类的处置时限。

第二种方案是监管区域分类，根据不同类区域的管理要求，分别确定每一小类每一个立案条件和结案条件在不同类区域中的处置时限，示例见表9-3，完整示例见该标准附录B.2。由表9-3可以看出，三类区域和A、B、C三类可选处置时限并非是一对一的关系，即并不要求一类区域一定选择A类处置时限，根据实际状况也可以选择B类或C类处置时限。相反，不同类区域也可以选择同类的处置时限。但由于一类区域与三类区域的管理要求差距较大，因此总体上所选择的处置时限应与其管理要求相对应。

确定处置时限示例（监管区域不分类）

表 9-2

大类代码	大类名称	小类代码	小类名称	立案案件	处置时限	结案条件	责任主体	法律法规	备注
01	公用设施	30	电力立杆	倾斜（有安全隐患）、倒伏	4 紧急工作时	消除安全隐患、恢复	市电力公司	《城市市容和环境卫生管理条例》第十二条、第三十七条；《城市道路管理条例》第四十二条第四款	
				废弃	7 工作日（C）	拆除、恢复路面			
				破损	2 工作日（A）	修复			
				外观不洁	2 工作日（C）	清洁			
		31	通信立杆	倾斜（有安全隐患）、倒伏	4 紧急工作时	消除安全隐患、恢复	市电信公司、市移动公司、市联通公司	《城市市容和环境卫生管理条例》第十二条、第三十七条；《城市道路管理条例》第四十二条第四款	
				废弃	7 工作日（C）	拆除、恢复路面			
				破损	2 工作日（A）	修复			
				外观不洁	1 工作日（B）	清洁			
		32	公交立杆	倾斜（有安全隐患）、倒伏	4 紧急工作时	消除安全隐患、恢复	市公交公司	《城市市容和环境卫生管理条例》第十二条、第三十七条；《城市道路管理条例》第四十二条第四款	
				废弃	7 工作日（C）	拆除、恢复路面			
				破损	2 工作日（A）	修复			
				外观不洁	1 工作日（B）	清洁			

确定处置时限示例（监管区域分类）

表 9-3

大类代码	大类名称	小类代码	小类名称	立案条件	处置时限			结案条件	责任主体	法律法规	备注
					一类区域	二类区域	三类区域				
01	市容环境	02	店面无证装修	未经审批擅自进行店面装修	1工作日（A）	1工作日（A）	2工作日（B）	立案查处	区政府	《中华人民共和国建筑法》第七条；《城市道路管理条例》第二十七条	
		03	违章接坡	擅自在城市道路上临时性接坡	1工作日（A）		3工作日（C）	清除	市城管局，市政集团，区政府	《城市道路管理条例》第十七条	
				擅自在城市道路上固定接坡	2工作日（A）		3工作日（B）	立案查处、拆除	区政府		
		04	建筑物外立面不洁	沿街建筑物外立面脏乱差	3工作日（A）	5工作日（B）		整改	区政府	《城市市容和环境卫生管理条例》第十条，第十四条	
		05	临街阳台脏乱差	沿街建筑阳台脏乱差	3工作日（A）	5工作日（B）	7工作日（C）	整改	区政府	《城市市容和环境卫生管理条例》第十条，第十四条	
		06	擅自在临街的建筑物上挂彩旗	擅自悬挂彩旗、加装灯饰及其他装饰物	4工作时（A）		1工作日（B）	整改	区政府	《城市市容和环境卫生管理条例》第十条，第十四条	
		07	沿街晾挂	在公共场所的树木、护栏、路牌、电线、电杆等设施上晾挂、晾晒物品		2工作时		整改	区政府	《城市市容和环境卫生管理条例》第十条，第十四条	

二、立案要求

立案阶段强调的是立案条件和立案工作时限。

立案条件：坐席员要对监督员上报的、经监督员核实的，以及其他渠道反映的城市管理问题信息进行甄别判断，对符合条件的予以立案。该标准规范性附录 A.1 和 A.2 规定了管理部件、事件中每个小类的立案条件，并强调符合立案条件的城市管理问题都应予以立案。

该标准规定立案阶段的受理工作时限不应超过 15min。这就要求受理员和值班长业务精、研判准、立案快，尽力缩短案件在本阶段的办理时间。案件流转时间分配，考虑到有些问题需要甄别甚至要与现场监督员核实，故用时约在 10min，而批转操作时间取决于坐席员的操作计算机熟练程度，一般应在 1~3min 内完成。

该标准第七章提出了智能化应用拓展，以求进一步提高工作效率，缩短受理工作时限。

三、派遣和处置要求

派遣和处置阶段的工作重心是责任主体，主要依据是相关法律法规和已经匡定的部门职责。该标准规定了案件的派遣时限和处置时限。

（一）派遣时限

该标准规定在任务派遣阶段，由派遣员根据案件类型，按照管理规范（见本章第五节说明）将案件派到相关责任主体的时间。派遣时限不应超过 15min。亦可以根据案件复杂程度、派遣难易程度对派遣时限做差异性规定，分为 5min、10min 或 15min 三类。

（二）案件处置时限

在立案阶段，应同时规定案件的立案条件和处置时限。在处置阶段，责任主体须在规定的处置时限内及时受理所派遣案件，按照结案条件完成案件处置，并将处置结果反馈指挥中心。

四、核查和结案要求

监督中心接收到案件处置完成申请核查信息后，即向案件所在地的监督员发出案件核查指令，由其赴现场核查并上报结果。监督员现场核查的工作时限通常为 2 小时，个别类型的案件要求更快完成核查，比如 30min、60min。但一些流动性、时效性比较强的案件并不是越快核查越好，也不能以简单的工作时限来规定。比如路灯不亮，只有晚上去核查才能判断路灯是否已经恢复正常照明。因此该标准规定"监督员现场核查的工作时限宜根据不同案件分别确定"。

该标准附录 A.1 和 A.2 针对每一小类的部件、事件给出了相应的结案条件，以保证案件处置质量。值班长对照该标准规定的结案条件及监督员上报的核查结果，对符合条件的给予结案，不符合条件的不予结案，并返回责任主体继续处置或重新派遣。

值班长通常应在 15min 内判定案件处置结果是否符合结案条件。

第五节　应用要求

本节介绍了管理规范和扩展部件、事件类型两方面的应用要求。

一、管理规范

管理规范是依据该标准编制的、富有可操作性的管理细则，也就是数字化城市管理监督指挥手册。通过编制管理规范，构建以处置职责确认、处置时限精准和处置结果规范为核心内容的城市管理问题处置执行的制度体系，这是保障数字城管发挥实效、健康运行的基础。管理规范的内容应包括每个部件和事件小类的立案条件、处置时限和结案条件，更重要的是要明确责任主体及其对应的法律法规具体条款。

该标准附录 B.1 和 B.2 给出了部件和事件立案条件、处置时限、结案条件，以及责任主体和对应法律法规条款的示例，这些构成了管理规范的核心内容。

责任主体包括：主管部门、产权单位、作业单位、养护单位以及责任人和属地政府。主管部门又可具体为城管（住建）部门、公安（交管）部门等。一个小类依据兜底责任的顺序会产生几个责任主体。

根据对几个城市的管理规范进行统计分析，在一个城市的 121 个部件小类、83 个事件小类所对应的责任主体中，各责任主体出现次数统计数据见表 9-4。

责任主体统计

表 9-4

序号	责任主体	出现次数	序号	责任主体	出现次数
1	属地政府	201	16	市场监管部门	4
2	城管（住建）部门	168	17	地名管理部门	2
3	产权单位	118	18	路政部门	2
4	主管部门	39	19	气象部门	2
5	养护单位	24	20	卫生部门	2
6	公安（交管）部门	19	21	农业部门	2
7	生态环境部门	13	22	人防部门	2
8	园林绿化部门	10	23	消防救援部门	1
9	水利部门	9	24	水利水运部门	1
10	应急管理部门	6	25	文化文物部门	1
11	国家电网	4	26	客运管理部门	1
12	公安部门	4	27	规划部门	1
13	水务部门	3	28	文广部门	1
14	民政部门	3	29	文体部门	1
15	交通部门	3	30	作业单位	1

立案条件、责任主体和结案条件均依法确定。根据某城市管理规范统计，其引用的国家法律法规有 60 部，除了国家法律法规之外，还有部分地方法律法规被引用。引用的具体法律法规条文详见该标准附录 B.1 和 B.2。

除了采用附录 B 中的表格形式，部分城市还以小类为基本单元，以一个小类为一个表格的形式编制管理规范。

部件管理规范表格的内容一般包括大类代码和大类名称、小类代码和小类名称、部件符号、拓扑类型、部件说明、部件照片、管理要求、主管单位、养护单位、立案条件、处置时限、结案条件、法律法规和备注等。

事件管理规范表格的内容一般包括大类代码和大类名称、小类代码和小类名称、事件说明、事件照片、管理要求、主管单位、承办单位、立案条件、处置时限、结案条件、法律法规和备注等。

以下给出管理规范中两个小类的内容示例，供参考。表 9-5 是部件类"上水井盖"的示例，表 9-6 是事件类"违法建设"示例。

管理规范部件类"上水井盖"示例　　　　　表 9-5

大类代码	01	大类名称		公用设施	部件符号	⊖
小类代码	01	小类名称		上水井盖	拓扑类型	点
部件说明	标有水、供水、给水、水闸、水门、水表、消防等字样的地下给水管道的井盖					
部件照片						
管理标准	井盖完好，无缺失、移位、弹跳、沉降，无安全隐患					
主管单位	××市供水集团					
养护单位	××市供水集团					
管理要求	立案条件			处置时限	结案条件	
1	缺失、移位、开裂、弹跳、存在安全隐患			4 紧急工作时	围护、恢复	
2	破损超过 25cm²			2 工作时	修复	
3	翘跷高低差大于 2cm			2 工作日	修复	
4	井盖及其周围路面 150cm×150cm 范围内出现沉陷、凸起或破损，井框与路面的高低差大于 2cm			3 工作日	修复	
法律法规	《××市城市市容和环境卫生管理条例》第二十条第二款；《××市地下管线盖板管理办法》第十三条					
备注						

管理规范事件类"私搭乱建"示例　　　　　表 9-6

大类代码	01	大类名称	市容环境	
小类代码	01	小类名称	违法建设	
事件说明	未经审批私自开凿及搭建建筑物、构筑物或其他设施的现象			
事件照片				
管理标准	辖区范围内无违法建设现象			
主管单位	执法支队、市规划局、区政府			
承办单位	执法大队			
管理要求	立案条件	处置时限	结案条件	
1	违法搭建的建筑物、构筑物或其他设施	15 工作日	立案查处	
2	违法搭建的建筑物、构筑物或其他设施	按法定程序实施	拆除	
法律法规	《中华人民共和国城乡规划法》第四十条、第四十一条、第四十四条、第六十四条、第六十六条			
备注				

实施管理规范，应坚持刚性原则，强调严格执行立案条件和结案条件。满足立案条件的案件，监督中心应予以立案；处置结果不符合结案条件的，不能予以结案。应杜绝人为的延期案件、挂账案件、推诿案件。

对于有权责争议的案件，监督指挥中心应当协调相关单位和部门进行权责确认，如果具有普遍意义，还需要及时更新到管理规范中。

由于管理规范涉及较多责任主体，为保证其权威性，通常应由地方政府，或授权监督指挥中心颁布实施，并定期更新。

二、扩展部件和事件类型的应用要求

随着城市发展和管理精细化水平提高，案件类型可根据人民群众日常生活的需求和城市发展以及在争创各类称号活动中的各种要求进行适度扩展，并对扩展的类型规定相应的立案条件、工作时限、结案条件、责任主体和相对应的法律法规条款。

同一城市扩展的部件和事件类型及其管理要求宜保持一致，这样更有利于不同区域之间的横向比较。

各城市在扩展部件和事件类型及制定其应用要求时，建议先从该标准附录 C 中选取，附录 C 没有涵盖的类型则可自行扩充。

第六节 智能化拓展应用

本节介绍运用现代信息技术进一步提高立案、派遣、处置和核查效率。

一、智能采集和立案

在信息采集和立案阶段，可以依靠智能感知、视频识别、物联网和人工智能技术实现自动立案。

现在智能监管信息采集设备的处理速度越来越快。监督员拍照之后，可以利用采集设备的计算能力对照片进行智能识别，确定问题的大小类后自动上报立案。

视频监控不再单纯依靠人工肉眼发现问题，而是由计算机通过深度学习的方式，识别事件类型问题，自动上报立案。目前视频识别技术在应用中已经可以识别机动车乱停放、非机动车乱停放、沿街晾晒、暴露垃圾、乱堆物料、非法小广告等二十几类事件，识别准确率达到 $70\% \sim 85\%$。

像井盖丢失、移位等存在安全隐患的问题，有的城市已尝试给井盖安装传感器等智能感知器件，通过物联网技术实现自动报警。

一些城市探索在监督中心受理子系统中，通过大数据分析和人工智能技术，对相似案件进行提示，对案件是否符合立案条件进行智能判断，以减轻受理员和值班长的工作量。

二、自动派遣

在案件派遣阶段，系统可以根据事发位置、案件大小类、问题描述等信息，结合历史同类案件的派遣原则，自动将案件智能化准确地派遣到责任主体，提高案件派遣准确率，缩短案件派遣时间。

三、移动处置

有些城市运用移动互联网技术，把电脑操作功能直接嵌入处置人员的智能手机端，使其能够在移动中随时接受应处置案件和反馈案件处置结果，实现了案件派遣和结果反馈的"扁平化"。

还有一些城市对于非法小广告等案件，支持监督员自行处置之后拍摄照片，通过人工智能比对案发前后照片完成自动结案功能。

四、自动核查

对于机动车乱停放等视频识别发现的问题，在责任主体处置完毕之后，可以通过视频识别技术核查案件是否得到有效解决。

对于运用智能技术进行立案、派遣、结案的部件、事件类型，应在管理规范中明确相应的立案条件、处置时限和结案条件。

第七节　附　　录

该标准给出了3个附录。其中附录A为规范性附录，附录B和附录C为资料性附录。

一、附录A

附录A包含表A.1和表A.2，分别列出了GB/T 30428.2规定的所有部件和事件类监管案件的立案条件、处置时限与结案条件，在制定管理规范时应遵照执行。

一些涉及安全隐患的小类，例如井盖缺失和移位，其A、B、C三类可选处置时限相同，均要求按照紧急工作时尽快处置完毕。

对于处置工作分为两个步骤的，如"止水并修复"，处置时限是指全部工作都完成所需的时间段。如果要求第一个步骤尽快完成，则会在备注中说明相应的处置时限。例如表A.1中，01公用设施13消防设施（消防栓）的第一种情况，立案条件是"喷水、溢流"，结案条件是"止水并修复"，处置时限规定的1~3工作日，指的是修复完成所需的时间段。而"止水"这项工作是需要尽快完成的，因此在备注中规定了在2个紧急工作时内完成止水。

二、附录B

附录B是资料性目录，供各城市在编制管理细则时参考。

表B.1是监管区域不分类情形下编制管理规范的样例。表B.2是监管区域分类情形下编制管理规范的样例。此两个样例中，除了对应附录A所有内容之外，在每一个小类后面都增加了"责任主体"和"法律法规"两列内容。一是根据城市实际情况，对"可选处置时限"进行选择；二是明确责任主体和对应法律法规的具体条款。使管理规范更加依法依规责任清晰明确，便于操作。

三、附录C

附录C是资料性附录，给出了依据《数字化城市管理信息系统 第2部分：管理部件和事件》GB/T 30428.2—2013 第七章"部件和事件类型扩展"规定所扩展的部件和事件，并相应给出了立案条件、可选处置时限、结案条件。各城市在扩展部件和事件类型及规定应用要求时可参考附录 C，应明确责任主体及其对应的法律法规具体条款，并纳入管理细则。

第十章 城市市政综合监管信息系统 技术规范

第一节 概　述

为了规范和指导全国数字城管系统建设，实现资源的整合与共享，提高城市信息化水平，2005 年颁布了行业标准《城市市政综合监管信息系统技术规范》CJJ/T 106—2005。2010 年进行了修订。修订后的版本为《城市市政综合监管信息系统技术规范》CJJ/T 106—2010。

该标准共分前言、正文、本规范用词说明、引用标准名录和附录五部分。正文共分 8 章，57 条，138 款。附录为条文说明。

该标准主要规定了系统建设与运行模式、地理空间数据、系统功能与性能、系统运行环境、系统建设与验收、系统维护等。作为指导数字城管建设的技术标准，适用于数字化城市管理信息系统的规划、实施、运行、维护和管理。城市其他管理应用系统，若实行基于单元网格的全方位、全时段的管理方式，亦可参照执行。

第二节 术　语

该标准定义了 17 个术语，其中大部分均已在前几章解读，本节仅对如下 4 个术语予以说明。

一、协同工作

定义：将信息收集、案件建立、任务派遣、任务处理、处理反馈、核查结案、综合评价等环节相关联，实现监督中心、指挥中心、专业部门等之间的日常工作和相关信息协调一致的行为。

通过"协同工作子系统"实现各部门、岗位之间的协同工作。

二、市政监管问题

定义：由监督员或公众发现并报告的管理部件丢失、损坏问题和事件问题的统称。

与"案件"的区别在于市政监管问题中有一部分不需要进入数字城管业务流程处置。

三、地理空间数据

定义：与地球上位置直接或间接相关的数据，包括地理空间框架数据、单元网格数据、部件和事件数据、地理编码数据以及相应的元数据等。

在日常工作中，通常将"地理空间数据"称为"基础数据"。

四、地理空间框架数据

定义：基本的、公共的地理空间数据，包括行政区划、道路、建（构）筑物、水体、绿地、地名和地址数据以及数字正射影像数据等。

地理空间框架数据提供了基本的地理空间要素数据，为数字城管所有与地理位置相关的信息，包括单元网格数据、地理编码数据、部件和事件数据等提供统一的空间定位基准，是支持数字城管运行的基础。

第三节　系统建设与运行模式

本节介绍系统建设与运行模式的一般规定、基本要求和业务流程。

一、一般规定

（一）建立三项制度

该标准规定数字化城市管理信息系统"应在建立独立的监督制度、精细化的处置制度和量化的长效考核制度等基础上运行"，并规定"系统的绩效评价考核结果应纳入城市管理相关行政效能监察考核体系"。

数字城管的运行基础是数字化城市管理新模式。新模式在城市管理机制上实现了三方面创新：一是依靠独立的监督制度，实现了监管分离；二是依靠精细到管理部件和事件小类、各级管理区域、案件紧急程度的处置时限、处置标准，以及责任清晰的权责清单，保障了处置制度的量化；三是依靠来自系统实际运行数据生成并纳入城市管理相关行政效能监察考核体系的绩效评价结果，保证了数字城管长效运行。

（二）确定管理模式

该标准规定，可根据城市的规模和管理现状建立相应的管理模式，宜从下列管理模式中选用一种：

1. 市一级监督，市一级指挥。

2. 市一级监督，市、区（县）两级指挥。

3. 市、区（县）两级监督，两级指挥。

4. 市一级监督，区（县）一级指挥。

在已发布实施的国家标准《数字化城市管理信息系统　第6部分：验收》GB/T 30428.6—2017中，则将组织模式调整为以下三种：

1. 一级监督，一级指挥。

2. 一级监督，两级指挥。

3. 两级监督，两级指挥。

上述3种模式的详细解读见本书第八章第二节。

对于组织模式的选择不再是建议，而是要求根据城市的行政级别、规模、职能部门设置状况等具体情况，在上述三种组织模式中选择一种。三种组织模式的适用场景说明如下。

1. 一级监督、一级指挥

该组织模式可细化为：

（1）市级监督、市级指挥，该组织模式适用于市级层面占有较多城市管理资源、需要加强市级协调指挥力度的城市。

（2）市级监督、区级指挥，该组织模式适用于城市管理内容的执行重心在区级部门的城市。

2. 一级监督、两级指挥

市级监督、市区两级指挥的组织模式，可以加强城市管理的执行力度，适用于区级层面占有较多城市管理资源的城市。

3. 两级监督、两级指挥

市区两级监督、市区两级指挥的组织模式，适合于大型、特大型城市。

（三）一体化建设建议

该标准指出"系统宜采用市、区（县）一体化建设模式"。在实际工作中，由于各城市情况差异非常大，系统既可以采用市、区（县）一体化建设（也称集中建设），也可以采用分布式建设。采用一体化建设方式，市里统一建设，区（县）接入应用，可以节约投资，有利于实现系统与标准的统一。

二、系统建设与运行的基本要求

监督与管理功能分离与协同原则、单元网格精细化管理原则、部件和事件精准化管理原则，是数字城管模式的三项基本原则，是全方位、全时段实施城市管理新模式的工作基础。精细化的指挥手册和量化的绩效考核办法是城市管理问题及时得到处置和系统长效运行的保证。

（一）落实监督、管理功能分离与协同原则。该标准规定应注重以下 3 个环节：

1. 通过监督中心实施市政监管问题的监督核查。

2. 通过指挥中心实施市政监管问题的指挥处置。

3. 支持相关专业部门根据指挥中心的指令，及时处置市政监管问题并反馈处理结果。

（二）落实单元网格精细化管理原则。按《数字化城市管理信息系统　第 1 部分：单元网格》GB/T 30428.1—2013 的规定，构建以行政区、街道、社区和单元网格为基础的区域精细化分层管理体系。

（三）落实部件和事件精确化管理原则。按《数字化城市管理信息系统　第 2 部分：管理部件和事件》GB/T 30428.2—2013 和《城市市政综合监管信息系统　监管案件立案、处置与结案》CJ/T 315—2009 的规定，构建以问题发现、立案和核查结案为核心内容的市政监管问题监督体系。

（四）落实精细化的指挥手册。按《城市市政综合监管信息系统　监管案件立案、处置与结案》CJ/T 315—2009 的规定，构建以处置职责明确、处置时限精准和处置结果规范为核心内容的市政监管问题处置执行体系。

（五）落实量化的绩效考核办法。按《数字化城市管理信息系统　第 4 部分：绩效评价》GB/T 30428.4—2016 的规定，以系统中相关数据分析生成的评价结果为依据，以分部评价为辅助，建立对区域、部门和岗位量化的长效考核体系。

三、系统业务流程

系统业务主要流程包括信息收集、案件建立、任务派遣、任务处理、处理反馈和核查结案和综合评价 7 个阶段，涉及监督员和社会公众、监督中心、指挥中心和专业部门等 4 个环节，如图 10-1 所示。业务流程的特别之处，也是创新之处在于它是一个闭环管理流程，而且每个环节都有回路，能够监督每个问题是否确实已经解决。

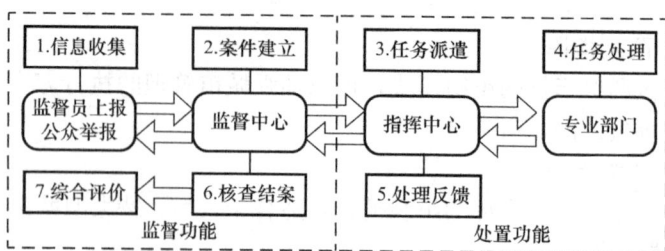

图 10-1　系统业务主要流程

7 个业务流程分阶段说明如下：

（一）信息收集阶段

信息来源应包括监督员上报和监督举报。

监督员在所负责巡查的责任网格内发现监管问题后，应能通过城管通将有关信息及时上报监督中心。

监督举报指除监督员上报外，通过其他途径（电话、互联网、媒体、自媒体、物联网、领导批示和信访等）向监督中心反映部件或事件问题。监督中心接报后通知监督员进行核实，监督员赴现场查看，并通过城管通上报核实结果。

除了在户外的责任网格进行巡查的监督员之外，还应有专门通过监控视频发现监管问题进行上报的视频监督员。

有条件的城市，可通过自动信息采集技术发现问题，自动上报监督中心。

（二）案件建立阶段

监督中心应审核接收的监管问题信息，依据《城市市政综合监管信息系统　监管案件立案、处置与结案》CJ/T 315—2009 有关立案条件的规定，对符合条件的予以立案后批转到指挥中心。

（三）任务派遣阶段

指挥中心接收从监督中心批转来的案件后，依据《指挥手册》将其派遣至相关区域或专业部门进行处置。

（四）任务处理阶段

专业部门按照指挥中心的派遣指令和《指挥手册》规定的时限完成案件处置工作。遇到疑难案件时，指挥中心应组织协调相关部门做好疑难案件的处置工作。

（五）处理反馈阶段

专业部门完成处置后，将处置结果反馈给指挥中心，由指挥中心将反馈信息转给监督中心。

（六）核查结案阶段

监督中心将案件的处置结果通知监督员进行核查；待监督员报送核查结果后，监督中心比对核查信息与处置信息，两者一致符合结案条件时予以结案，否则重新派遣处置。

（七）综合评价阶段

监督中心将系统生成的对上述 6 个业务阶段各区域、部门、岗位履职的考核数据，与通过外评价系统获取的考核数据相融合，得出综合评价结果。

7 个阶段的业务流程是 PC 模式的闭环流程。在移动互联模式下可以将流程进一步简化为信息采集立案、任务处置结案 2 个阶段，实现扁平化管理，提高管理效率。但是，实现扁平化管理须以专业部门内部处置机制的精简到位为前提。

第四节　地理空间数据

本节包括地理空间数据的一般规定、地理空间框架数据、单元网格数据、部件和事件数据、地理编码数据、元数据、数据建库和数据更新等内容。

一、一般规定

数字城管是一套城市空间信息管理系统，系统运行必须要有地理空间数据的支撑。地理空间数据主要包括地理空间框架数据、单元网格数据、部事件数据和地理编码数据。除这些数据外，应尽可能包括地理空间数据的元数据。为了保证市政监管问题能在系统中准确、完整定位，地理空间数据应完整地覆盖监管的整个区域范围。

城市地理空间数据与空间参照系密切相关。为保证数字化城市管理信息系统中地理空间数据的获取、更新、维护和应用，应采用所在城市基础测绘所用的空间参照系。

城市地理空间数据的存储和交换格式应符合《地理空间数据交换格式》GB/T 17798—2007 规定的格式，或采用通用 GIS 系统可以接受的格式。

关于地理空间数据的质量检查验收有以下几点说明：

（一）数据质量检查验收应包括数据的完整性、位置精度、属性正确性、逻辑一致性和现势性等。

（二）"两级检查、一级验收"是数据生产单位为保证其所提供的数据质量符合要求而进行的检查和内部验收工作。"两级检查"指的是作业组检查和单位生产部门检查；"一级验收"指的是单位质检部门验收。生产单位应按照检查验收提出的意见，对数据进行修改、完善，直至数据验收合格。

（三）引入监理单位对数据获取全过程进行质量和进度监理，是目前城市地理空间数据生产中较为普遍采用的方式，它对于保证最终成果的质量具有重要作用。

（四）数据生产单位或监理单位形成的关于地理空间数据检查验收的技术文档一般应包括下列内容：

1. 数据生产的基本情况，包括数据覆盖范围、数据内容和数量、利用的基础资料情况、执行的技术标准和方案、生产方法、使用的仪器设备、生产时间、生产单位名称和资质等级、生产单位内部检查验收结论等。

2. 数据质量情况，包括数据生产监理的基本情况、数据质量抽检方法、样本数据质量统计和评价、发现的主要问题及处理情况、质量检查验收结论等。

此外，地理空间数据存储与使用的安全、保密应符合国家相关规定。

二、地理空间框架数据

地理空间框架数据是城市的基本地理数据集，它为描述城市状况提供最基本的信息，为数字城管系统提供公用数据和空间定位基础。地理空间框架数据可以通过对基础地理信息数据进行提取和扩展获得。

行政区划、道路、建（构）筑物、水体、绿地和地名数据是最基本的城市地理空间框架数据，也是数字化城市管理信息系统运行中必不可少的信息内容。

1. 行政区划、道路、建（构）筑物、水体和绿地数据应符合表 10-1 的规定。

行政区划、道路、建（构）筑物、水体和绿地数据要求　　　　　表 10-1

数据种类	矢量形式	位置信息	基本属性信息
行政区划	面	行政区划边界	行政区划名称；行政区划等级
道路	面或线	道路边线组成的闭合多边形或道路中心线	道路名称
建（构）筑物	面	建（构）筑物边界	建（构）筑物名称；门牌地址
水体	面	水体边界	水体名称
绿地	面	绿地边界	绿地名称

2. 地名、地址数据对于监管问题的定位具有重要作用，同时也可以减少地理编码数据的采集，因此在可能的条件下应尽量获取。

该标准规定地名和地址数据应符合下列要求：

（1）应包括行政区划名称、街巷名称、地片和区片名称、标志物名称以及门牌地址等的位置信息和基本属性信息。

（2）位置信息宜使用地名和地址所代表实体的中心点坐标描述；基本属性信息应包括地名和地址的名称及分类。

（3）宜从城市地名数据库或基础地理信息数据库中提取，必要时应进行实地调查。

3. 现势性高的高分辨率数字正射影像数据，可以为系统的运行和市政监管问题的定位提供更直观的支持，应尽可能获取。

0.1～0.5m 分辨率的数字正射影像数据，对应于 1∶1000～1∶5000 比例尺地形图，分辨率过低，将影响数字城管信息系统运行和监管问题定位的效果。

4. 除了采用数字正射影像数据之外，该标准也推荐有条件的城市，其地理空间框架数据可与地面近景影像数据结合使用。

从信息共享和经济性的角度考虑，地理空间框架数据，应尽可能充分利用城市已有的基础地理信息数据或公共地理空间数据资源通过加工处理来获得。目前大多数城市都有较强现势性的 1∶500～1∶2000 比例尺基础地理信息数据。当数据的现势性较差或内容不足时，应通过实地调查测量的方式予以修测。

此外，该标准规定"数据的组织应符合现行行业标准《城市地理空间框架数据标准》CJJ 103—2013 和《城市基础地理信息系统技术规范》CJJ 100—2017 的规定"，"地理空间框架数据的质量检查与验收应符合现行国家标准《数字测绘成果质量检查与验收》GB/T 18316—2008 的规定"。

三、单元网格数据

有关单元网格数据的技术要求已在国家标准《数字化城市管理信息系统　第 1 部分：单元网格》GB/T 30428.1—2013 中规定，本书第二章进行解读。

四、部件和事件数据

有关部件和事件数据的技术要求已在国家标准《数字化城市管理信息系统　第 2 部分：管理部件和事件》GB/T 30428.2—2013 中规定，本书第三章进行解读。

五、地理编码数据

有关地理编码数据的技术要求已在国家标准《数字化城市管理信息系统　第 3 部分：地理编码》GB/T 30428.3—2016 中规定，本书第四章进行解读。

六、元数据

元数据是关于数据的数据，包含有关于数据标识、覆盖范围、质量、空间和时间模式、空间参照系等特征描述性信息。元数据的内容应符合现行行业标准《城市地理空间信息共享与服务元数据标准》CJJ/T 144—2010 的规定。图 10-2 是元数据示例。

标识信息
  引用
    数据集名称　　　　××市1:2000数字正射影像图(DOM)
    数据集生产日期　　2008-06-18
    数据集版本　　　　2.0
    摘要　　　　　　　该数据集包括××市A区域100平方公里范
　　　　　　　　　　　　围1:2000围数字正射影像图数据(DOM)。利
　　　　　　　　　　　　用的影像数据源为2008年5月数字航摄影像。
　　　　　　　　　　　　该数据集是××市基础地理信息数据产品的
　　　　　　　　　　　　组成部分，可广泛应用于城市规划、建设、
　　　　　　　　　　　　管理和报务的各个领域。

  数据格式
    格式名称　　　　　GeoTiff
  数据标识
    空间表示类型　　　影像
    等效比例尺分母　　2000
    地面分辨率　　　　0.2m
    专题类型　　　　　城市测绘
    地理覆盖范围
      西边横坐标　　　×××××
      东边横坐标　　　×××××
      南边纵坐标　　　×××××
      北边纵坐标　　　×××××
      坐标类型　　　　平面直角坐标
      度量单位　　　　m
    高程范围
      最小值　　　　　50
      最大值　　　　　62
      度量单位　　　　m

图 10-2　元数据示例

七、数据建库

地理空间数据库建设是数字城管建设的主要组成部分。数据库的设计、建设和检查等应符合现行行业标准《城市基础地理信息系统技术规范》CJJ 100—2017 的规定。根据数据的特点和容量以及数据库系统的情况，对各类数据库进行详细设计，并建立相应的设计文档。可以按数据类型、区域范围进行数据的组织和管理。

地理空间数据库包括地理空间框架数据库、单元网格数据库、部件数据库和地理编码数据库，宜包括元数据库。各类数据库应包含的数据内容、建库要求、入库前检查、入库后的检查和测试见该标准4.7条有关规定。

八、数据更新

由于我国城市建设发展迅速，变化快，地理空间框架数据更新的周期不宜过长，一般以1年左右为宜，且最好与城市基础地理信息或公共地理空间数据的更新同步进行。当然，对于监管范围内变化大的区域，应及时进行数据更新。

当覆盖区域的单元网格发生变动时，应及时进行单元网格数据的更新。

部件数据是数字化城市管理信息系统运行的核心数据之一，其现势性对于系统的运行效率具有重要影响，因此应及时更新。这里分为2种情况：一是定期更新，更新周期不宜超过6个月；二是日常更新，就是结合日常的监管巡查工作，对发现的新部件、普查中遗漏的部件以及位置或属性发生变化的部件，实时采集，临时更新或保存变更信息，待定期更新时一并进行测绘。

地理编码数据宜与部件数据同步进行更新。

地理空间数据更新时，应同步更新相应的元数据。

更新后的各类地理空间数据，应进行质量检查验收。

第五节　系统功能与性能

本节介绍系统基本结构框架、性能指标、业务数据库和支撑数据库建设、子系统功能要求、系统扩展说明等内容。

一、系统基本结构框架

数字化城市管理信息系统应包括9个基础子系统，作为数字城管有效运行的基本支撑。系统基本结构框架如图10-3所示，其中：

1. 无线数据采集子系统、监督中心受理子系统和协同工作子系统实现监管案件从信息收集、案卷建立、任务派遣、任务处理、处理反馈到核查结案等6个流程环节的闭环管理。

2. 地理编码子系统为其他子系统提供地址描述和空间位置之间的对应关系。

3. 综合评价子系统实现了对区域、部门和岗位工作绩效的评价。

4. 大屏幕监督指挥子系统实现管理区域内的城市管理问题、业务办理、综合评价等运行效果实时监控，以及对部件、网格等基础数据资源的查看。

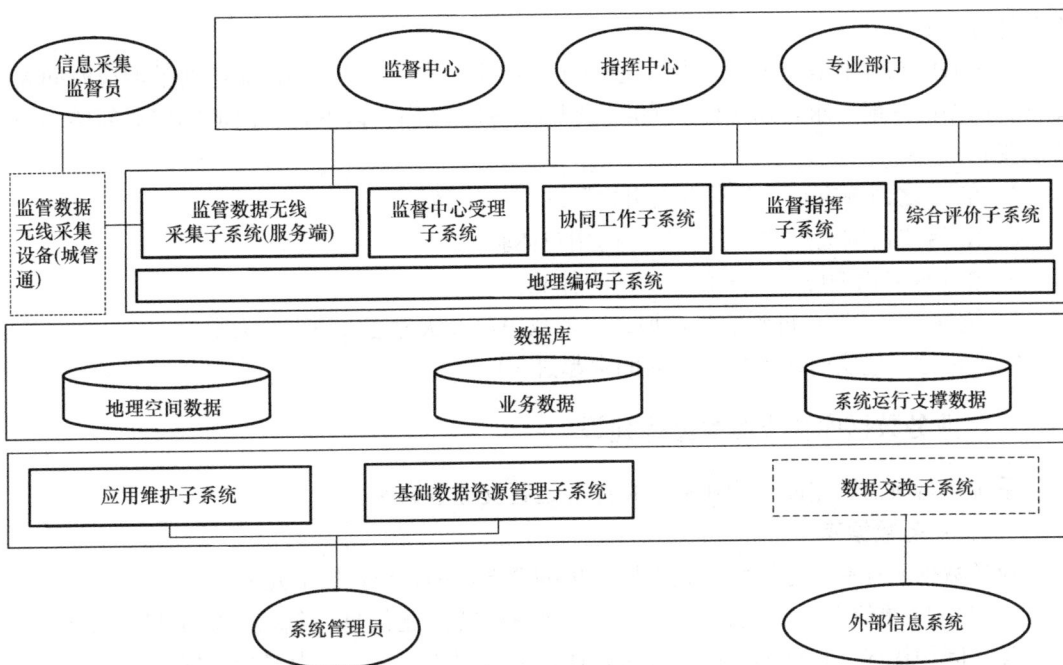

图 10-3　系统基本结构框架

5. 数据交换子系统实现上下级系统之间，以及横向与各专业子系统之间的数据交换。

除上述 9 个基础子系统外，可根据需求扩展其他子系统。

系统应具有完备的信息安全保障体系。

二、性能指标

数字城管系统不只是一个简单的管理信息系统（MIS），还是一个集成了地理信息系统（GIS）和无线互联应用的系统，因此该标准中，系统性能指标主要是针对 GIS 应用和移动互联应用进行规定。

针对 GIS 应用，该标准规定了"监管问题空间位置查询和定位时间不宜超过 5s"，既包括 PC 端使用浏览器对监管问题进行空间位置查询和定位的时间规定，也包括对手机端使用城管通对监管问题进行空间位置查询和定位的时间规定。

针对移动互联应用，该标准规定了"监督中心接收监督员上报监管问题传输和系统处理时间不宜超过 30s"，"监督中心向监督员发送任务，系统处理和传输时间不宜超过 10s"。

在 2004 年城管通应用时，三大运营商的网络还是 2G，考虑到监督员上报问题时一般会上传 2 张照片和 30s 录音，约 120KB 的上传量。2G 网络的标准上行速度 2.7kbps，下行速度 9.6kbps。采用 GPRS 时能达到上行速度 42.8kbps，下行速度 85.6kbps。按照 42.8kbps 上行速度计算，120KB 的照片和录音需要 22.4s 完成，考虑到网络连接建立时间和网络的不稳定，规定了上报问题时间不宜超过 30s。现在已经进入到 4G 网络，5G 网络也将来临，上报问题的时间会越来越快。同时，也应当注意到采集的照片更加清晰，上传的照片有时不只 2 张，若再考虑短视频的上传等，上报问题仍然需要一定的时间开销。

监督中心向监督员发送任务，城管通主要进行下载操作，因此速度会比上传快，通常不会超过 10s。

除了 GIS 应用和移动互联应用规定的性能要求之外，浏览器访问系统时的响应时间需要符合网站的一般要求，通常建议响应时间在 3～5s 之内。以下是不同的响应时间给用户的感受：

1. 在 2s 之内响应是"非常有吸引力"的用户体验。

2. 在 5s 之内响应是"比较不错"的用户体验。

3. 在 10s 之内响应是"糟糕"的用户体验。

4. 超过 10s 还没有得到响应，那么大多数用户会认为这次请求是失败的。

需要注意一些实时统计的响应时间会超过 10s。

三、业务数据库和支撑数据库建设

系统运行所需数据库分为业务数据库和运行支撑数据库。

（一）业务数据库

业务数据库存储业务流转过程中所产生的全部数据，包括以下几方面：

1. 监管问题信息：即监督员上报、公众举报的问题信息，包括主要信息（任务号、大小类、问题描述、地址描述等）和多媒体信息（照片、录音，为减少数据库容量，通常以文件形式单独存放）。

2. 监管问题上报、核实、核查过程信息：包括上报信息、核实核查任务，核实核查反馈信息。

3. 案件和表单信息：包括处理表单等内容。

4. 工作流信息：包括流转、督办、授权等内容。

5. 绩效评价结果。

（二）运行支撑数据库

运行支撑数据库存储数据包括"机构人员角色配置、业务配置、工作流配置、工作表单定义、文号定义、数据字典定义、统计报表定义、物理图层配置、逻辑图层配置、专题图层配置、地图要素编码定义、地图使用配置、地图查询定义等数据"。这些配置数据是在系统运行之前，就需要通过应用维护子系统和基础数据资源管理子系统配置生成。系统运行过程中，还需要根据人员变化、业务调整进行配置更改。

四、子系统功能要求

（一）监管数据无线采集子系统（又称城管通）

监管数据无线采集子系统包括服务器端和信息采集设备端两部分，且两者之间应实现信息交互。该子系统应具备接收城管通上报监管问题信息，下发核实、核查和专项普查任务，管理和发布当日提示信息，以及信息查询、数据同步等功能。

（二）监督中心呼叫受理子系统

监督中心工作人员主要使用该子系统。其中呼叫中心提供与社会公众和监督员通话功能，而监督中心受理子系统提供与案件受理模块（包括公众举报问题登记工具、问题核实工具、监督员上报问题立案工具、问题转发工具、问题核查工具等），和其他辅助功能模块，包括地图操作、查询统计和参数设置。

（三）协同工作子系统

协同工作子系统具有将信息收集、案件建立、任务派遣、任务处置、处置反馈、核查结案、综合评价等环节进行关联，实现监督中心、指挥中心、专业部门和各级领导之间信息同步、协同工作和协同督办等功能，是各级领导、各个部门业务人员主要使用的子系统，也是产生绩效评价数据的基础信息系统。在协同工作子系统中，可以使用地图操作、查询统计和参数设置等辅助功能模块。

（四）地理编码子系统

该子系统通过标准接口，为其他子系统提供地理编码服务。地理编码子系统应具有地址描述、地址查询和地址匹配等功能，能为监管数据无线采集子系统、监督中心受理子系统、协同工作子系统等提供地理编码服务。地理编码子系统的响应时间宜小于1s。

（五）监督指挥子系统

监督指挥子系统是信息实时监控和直观展示的可视化平台，具有整合地理空间数据和业务数据信息、实现基于地图的监督指挥等功能，并能对发生监管问题的位置、处置过程、监督员在岗情况、处置结果、综合绩效评价等信息进行实时监控，提供给各级领导和业务人员进行现场监督指挥。系统的显示设备可以选择不同尺寸的大屏幕、投影仪或大画面平板电视，也可以使用一般计算机的显示器，各城市应根据经济条件和实际应用情况选择性价比合适的显示设备。

（六）综合评价子系统

综合评价子系统也称绩效评价子系统，是实现对数字化城市管理工作中所涉及的监管区域、相关政府部门、岗位等实时的量化管理和绩效评价。具体的绩效评价体系及评价结果表达见国家标准《数字化城市管理信息系统　第4部分：绩效评价》GB/T 30428.4—2016和本书第五章解读。

（七）应用维护子系统

由于系统运行模式可能发生变化，数字城管的相关机构、人员、管理范畴、管理方式、业务流程在系统运行过程中可能逐步调整变化，因此，要求系统必须具有充分的适应能力，保证数字城管模式的各类要素变化时，可以快速通过应用维护子系统及时调整，满足系统发展的需要。同时，应用维护子系统必须能够支持根据相关标准要求进行的配置，如《城市市政综合监管信息系统　监管案件立案、处置与结案》CJ/T 315—2009所规定的处置时限。

应用维护子系统应具有对监督中心、指挥中心、专业部门、人员、业务、工作表单、地图、工作流等相关信息及查询、统计方式进行配置，完成系统的管理、维护和扩展的功能。以及多级运行模式的工作流配置、上级部门对下级部门的组织机构和权限等配置等功能。

（八）基础数据资源管理子系统

数字城管系统包含各类地理空间数据，一方面这些数据的类型和结构各不相同，另一方面这些数据在应用过程中需要不断更新和扩展，基础数据资源管理子系统可以通过配置完成空间数据库维护和管理工作。对于采用市区一体化集中式建设的系统，必须考虑到各区分别接入系统和更新系统时，按照区域范围更新数据的实际需求。

基础数据资源管理子系统应具有地理空间数据管理和维护功能。

（九）数据交换子系统

数字化城市管理信息系统应实现与上一级数字城管系统和外部专业子系统的信息交换。通过数据交换子系统，可以实现不同信息系统之间监管问题、综合评价等信息的数据交换。

在与其他系统进行数据交换时，应提供标准化的接口方案，要求与本系统进行交换的专业系统，应能按照数字化城市管理信息交换标准的要求进行数据交换，保证信息的转出和问题处置结果的转入。

五、系统扩展说明

随着城市管理体制改革及移动互联网、物联网、云计算、大数据等现代信息技术的快速发展，该标准中规定的模式或技术已经不能满足当前城市管理的需要。数字城管系统应按照中发（2015）37号文件要求，适应城市管理体制改革需求，拓展市政公用、市容环卫、园林绿化和城管执法的"3＋1"应用范围业务；采用新技术升级数字城管系统的管理手段和应用功能。目前，许多城市对数字城管进行了模式和技术创新，如建设城管执法系统，拓展了城市管理范围；采用全移动互联模式，优化了工作流程，推进了扁平化管理；采用云平台模式，基于数字城管日积月累的海量运行数据，开展城市管理大数据分析，挖掘城市管理多发、频发、高发等问题类型、区域、特点和规律，辅助城市管理源头治理，极大提升了系统运行效能。

经过全国800多个市（区）、县数字化城市管理新模式的建设和运行实践，数字城管已经根据各市（区）、县管理需求扩展了许多子系统。主要的扩展子系统举例说明如下：

（一）专项普查管理子系统

该子系统借助移动采集终端和无线网络，实现对城市管理对象的专项管理、重点检查，能够对城市突发事件、特殊部件的现状、地理位置和属性信息等进行专项普查，快速生成调查结果和统计结果，可用于城市管理、社会管理、专业管理等多种行业的部件普查、事件普查、应急调查等。通过建设专项普查管理子系统，建立专项普查数据库，依托监督员常态化的工作机制，借助城管通手机、无线网络传输和专项定义工具、专项分析工具等，便于普查任务的快速下发、监督员普查情况的高效上报和对普查结果的分析统计，提高对重点问题和应急问题的普查质量与效率。

（二）违法建筑管理子系统

该子系统主要提供对城市违法建筑进行管理的功能。监督员通过对辖区进行全天候分片不间断巡查监控，发现违法建筑行为及时采集现场信息，进入业务流程予以处置，将违法建筑遏制在萌芽状态。利用高空摄像监控设备分析违法建筑频发地段，无人机定期高空巡视，通过问题位置聚类叠加分析，得到违法建筑频发点位和区域以及时段频率等统计分析数据。通过搭建违法建筑巡查子系统，建立违法建筑档案，对于重点地区、重点对象进行精确跟踪、协同攻坚，从而实现对违法建筑的有效打击。

（三）渣土清运管理子系统

该子系统对渣土运输车辆实施全方位的"实时监控、监督管理、指挥调度"，有效监管渣土运输企业和车辆、运输线路、速度、状态，实现对所有参与渣土运输车辆的状态记录和拍照保存，并且可以根据监控系统的需要，在车辆上安装视频监控设备，实现实时视频监控的功能。针对当地渣土清运实时情况，根据距离渣土源和填埋场位置调度渣土运输车，以最大限度降低车耗和人耗，并通过本系统提升渣土运输的效率，解决车辆管理、车辆路线、渣土积压、清运不及时、沿路抛洒等问题。

（四）市民参与子系统

该子系统（市民通、市民随手拍），作为市民咨询和监督举报城管问题的一种渠道，通过 APP 或微信服务号的方式，与数字城管系统对接，实现对外发布考核信息、接收市民举报以及方便市民查询城市街景和兴趣点等功能。通过该子系统，社会公众可以参与到城市管理的监督、举报等工作中来，形成全社会共建、共治、共享的城市管理新格局。

（五）大数据分析子系统

该子系统应用大数据分析工具，对数字城管系统所沉淀的海量数据，结合舆情分析，挖掘城市管理多发、频发、高发等问题类型、区域分布、特点和规律，为源头治理提供辅助决策的数据依据。

第六节　系统运行环境

本节解读系统运行环境的一般规定、传统自建机房运行环境、云计算中心运行环境、网络、显示设备、呼叫中心、操作系统、数据库及 GIS 平台软件系统等内容。

一、一般规定

系统运行环境是指支撑数字化城市管理信息系统运行的软件、硬件和网络等设施，该标准规定了其主要技术的基本要求。在满足系统基本运行条件和实现安全保障的基础上，各城市可根据实际情况选择适当的设备配置。

系统应该具备良好的安全保障功能：

（1）用户身份统一认证。

（2）用户访问授权控制和行为审计。

（3）漏洞扫描和入侵检测。

（4）数据包过滤和病毒防范。

（5）数据加密。

（6）系统监控等。

从系统运行维护管理、信息共享和节约资源的角度看，同一个城市内，市级和区（县）级系统宜使用统一的软硬件平台。

二、传统自建机房运行环境

（一）机房

关于机房的建设，我国已发布实施了一系列技术标准，如《数据中心设计规范》GB 50174—2017、《计算机场地通用规范》GB/T 2887—2011 和《计算机场地安全要求》GB 9361—2011。数字城管系统机房建设应遵守国家现行标准规范。

机房的消防系统建设和验收除遵守国家现行标准外，还应符合地方相关消防主管部门的规定。

由于机房的供电系统直接关系到数字城管系统的稳定性，且对系统运行、数据安全和完整性等有重要影响，因此要求机房采用可靠的电力保障措施，以确保系统在非正常运行条件或故障突发情况下，能够有足够的时间进行系统运行的维护工作，为此，机房应配备较高性能的不间断电源设备。

（二）服务器

服务器是系统运行环境中最主要的组成部分之一。系统服务器分为数据服务器、网络服务器和应用服务器。服务器应能满足系统数据存储、安全性和数据吞吐等要求。各城市可结合自身需求，根据系统用户数量和包含的数据量等实际情况对服务器数量和配置等进行选择。

应建立日常管理维护机制，保证服务器稳定、可靠运行。

（三）存储及备份设备

数字城管系统以数据为中心，因此系统的存储和备份设备十分重要。存储设备采用可伸缩的网络拓扑结构，通过具有高传输速率的连接方式，具备较高的节点扩充性和传输速率，同时要避免一些常见的网络瓶颈。各城市可按照实际需求，制定存储备份管理机制，如对备份结果进行验证，并对备份存储介质进行标识等。在系统出现意外损害时，应能快速及时地使用备份进行系统和数据的恢复。

三、云计算中心运行环境

随着云计算技术的发展和云计算中心的普及，许多城市建设数字城管系统时，不再单独采购服务器、网络设备、安全设备进行机房建设，而是选择在云计算中心上租用（付费或免费租用）服务器方式，减少一次性投入，降低日常维护成本，而且有利于降低硬件更新换代的成本。

目前广泛应用的云存储，是一种新兴的网络存储技术，它通过集群应用、网络技术或分布式文件系统等功能，将网络中大量各种不同类型的存储设备通过应用软件集合起来协同工作，共同对外提供数据存储和业务访问功能的系统。使用者可以在任何时间、任何地方，透过任何可联网的装置连接到云上方便地存取数据。云存储可以用于监督员上报照片的存储。

四、网络

应在已有电子政务网络基础上，建立一个覆盖所有涉及数字城管的相关部门并满足数据传输要求的网络环境，实现所有运行数字城管系统的区域、部门之间的互联互通。网络建设应遵守国家现行标准规范，有条件的城市可以根据实际需求采用更高的配置。监督中心和监督员（通过城管通）之间的数据传输主要依靠无线通信网络，因此需要建立监督中心与无线通信网络的互联关系。

该标准规定网络环境的具体要求如下：

（1）监督中心、指挥中心和专业部门之间应实现网络互连；网络带宽不应低于 2Mbps。

（2）监督中心应实现与无线通信网络的互联；网络带宽不宜低于 2Mbps。

（3）网络交换应采用多层结构。

（4）应建立网络管理制度和网络运行保障支持体系。

五、显示设备

这里所列显示设备是指供多人共享的监督指挥子系统的显示设备，可以是一块或多块组合的显示屏、一台或多台组合的显示器（监视器或电视机）、一台或多台组合的投影仪，也可以是一台或多台组合的计算机终端，主要安装在监督指挥中心。该标准规定了显示设备的基本技术参数要求，各城市可根据实际需要和经济条件进行适当选择，不应单纯求大求高。也可以考虑与城市已有的城市应急指挥系统大屏幕显示设备共享使用。

该标准规定显示设备的技术指标应符合下列规定：

（1）屏幕分辨率不应低于 1024×768 像素。

（2）屏幕对比率不应低于 600∶1。

（3）屏幕亮度不应低于 $1000cd/m^2$。

（4）水平视角不应低于 150°，垂直视角不应低于 60°。

六、呼叫中心

应结合城市实际需求，确定经济实用的呼叫中心配置方案。

呼叫中心应具有基本坐席功能和特殊坐席功能。具体功能说明如下：

（1）基本坐席功能应包括应答、保持、转接、呼出、咨询、会议等基本操作功能，并可以实时显示主叫号码。

（2）特殊坐席功能主要是向社会公众提供更好的语音服务，并且具备方便的管理功能，可包括话务质检、监听、协议跟踪、全程录音、放音、内部呼叫、强制插入、强制拆除、强制签出、强制示忙、强制示闲、拦截、服务指标统计等。

该标准在总则中规定数字城管系统"应使用全国建设事业公益服务专用电话号码12319"。根据中华人民共和国信息产业部［2002］422 号文件精神，在建设数字城管系统时，其呼叫中心应使用统一专用号码12319。同时在使用该号码时，需遵守信息产业主管部门和地方通信管理局有关号码资源的规定，不得擅自转让、出租该专用号码或改变号码用途。

七、操作系统

数字城管系统服务器端（传统自建机房时需要随服务器采购，云计算中心则无需单独采购）和终端所使用的操作系统应采用目前主流的商用操作系统，以保证系统的兼容性、可靠性和稳定性。

城管通的操作系统应符合《数字化城市管理信息系统　第 6 部分：验收》GB/T 30428.6—2017 的规定。

八、数据库及 GIS 平台软件系统

数字城管系统中的数据需要通过数据库系统来进行管理。主流数据库系统有 Oracle、MySQL、SQL Server。

使用云计算中心时，既可以自己单独安装数据库系统，也可以租用云计算中心的数据

库系统资源。

地理信息系统软件是数字城管系统的重要基础软件平台之一，它承担着海量地理空间数据的应用和管理工作，需要具备充分的空间数据管理、更新和服务能力，以保证图文一体化的数字城管系统正常运转。主流 GIS 平台软件有 ArcGIS、MapGIS、SuperMap 等。

第七节　系统建设与验收

本节主要对系统建设与系统验收进行解读。

一、系统建设

该标准规定数字城管系统建设应具备下列基本条件：

（一）应有明确的应用需求和经费保障

包括了两个含义：

1. 应有明确的应用需求。是指系统建设务必编制切实可行建设方案，应在充分调查研究的基础上，紧密结合本地实际管理需求，确定明确的建设目标，不应一味追求大而全，而要实事求是，讲求实效。除必须建设的几个基本子系统之外，对于扩展的子系统应予认真论证，宜遵循"急用先上，循序渐进"原则，不可盲目扩展，一哄而上。

2. 确保系统建设有足够的资金投入。包括场地装修、机房建设、软硬件平台采购、应用系统开发、数据普查、监督员队伍建设，以及每年的运行、维护和更新等等都需要给予资金保障。

（二）系统监管范围宜选择城市基础设施建设趋于稳定的区域

其含义是，系统监管范围应是在城市基础设施建设已经基本完成区域，优先选择城市中心建成区，其基础数据普查建库之后，能够在一定时间范围内保证持其现势性的区域。否则，今天道路开挖，明天房屋拆迁，地形图数据、部件数据、地理编码数据等等都会发生变化，不仅给监管带来困难，而且造成数据建设资金的极大浪费。

（三）系统监管范围内应没有无线通信盲区

这是因为监督员所用的城管通必须通过无线网络才能够将采集信息上传到监督中心。

（四）系统建设的步骤、内容和要求

总结十四年数字城管系统建设的实践经验，在系统建设中应做的工作：

1. 明确责任，组织实施。成立项目建设领导小组、明确责任分工，制定项目实施工作计划。领导小组由谁担任组长很重要，决定了系统建设的高位监督是否能真正落地。许多城市将其作为政府的"一把手"工程。

2. 项目立项、编制方案。编制"可行性研究报告、需求分析报告和实施方案"，完成项目立项和招投标工作，确定项目各承建单位。在编制方案时，需要重点选定建设与运行模式。在实施方案中，需要重点确定管理组、系统组和数据组负责人和单位。管理组负责业务、制度和培训；系统组负责系统建设、软硬件集成、软件开发、培训和运行保障；数据组负责数据普查和数据入库。

3. 组建队伍，制订制度。由管理组牵头，组建监督中心、指挥中心和监督员队伍，并编写《城市管理综合绩效考核办法》《城市管理部件、事件监督指挥手册》和相关工作

制度。

4. 数据普查，系统搭建。由数据组牵头，进行数据普查和数据库建设工作。由系统组牵头，进行系统网络配置，软硬件系统和设备采购、安装、调试，应用软件系统研发和实施，城管通硬件采购和软件研发等工作。

5. 人员培训，编制手册。由管理组、系统组牵头，编制《各岗位用户培训手册》《监督员培训手册》及《系统管理员培训手册》，对系统岗位人员进行业务培训、技术培训。

6. 系统测试，投入运行。由管理组、系统组牵头，进行系统测试、试运行和正式运行。

7. 档案整理，系统验收。对项目建设过程中的相关文档资料进行整理、存档，并组织系统的验收。

（五）项目监理

该标准规定"系统建设宜采取第三方监理方式对设备安装调试、地理空间数据建设、应用软件系统开发与系统集成的全过程进行监理。所有工作应形成相应的文档资料"。数字城管系统建设实践证明，引入具备相关资质、专业素养高的监理公司对系统建设全过程进行监理和监控，是使项目成功运作、按期保质竣工的必要保证。

二、系统验收

系统验收的相关内容已在国家标准《数字化城市管理信息系统　第 6 部分：验收》GB/T 30428.6 进行了修编，因此该标准中内容如与国家标准冲突，均按照国家标准执行。

关于验收部分的解读，参见本书第七章。

第八节　系统维护

系统维护包括日常管理、软件和数据维护和应急预案三部分。

一、日常管理

首先是制定数字城管系统运行维护管理制度，其次是配备系统管理员并明确系统管理员的工作职责和工作内容，做到系统维护工作日常化、制度化。通过实时监测系统运行状况、数据库状况、数据备份情况等，及时发现系统存在的潜在问题。

系统中包含了大量重要的基础数据和业务数据，不同用户在系统中操作的内容不同，通过"对操作系统、数据库系统、应用系统和网络设备设置权限"，对不同用户的数据访问严格控制，"阻止非授权用户读取、修改、破坏或窃取数据"。

建立严格的数据备份机制，并根据数据类型不同，制定适合的数据备份策略，对业务数据的备份周期要短，对地理空间数据等基础数据的备份周期可以长一些，对一些重要的数据宜采取异地备份的策略。在进行系统维护和更新时，应做好软件和数据的备份工作。

日常系统维护是要在问题出现前就解决问题，因此该标准规定"应定期分析应用系统日志、数据库日志和业务操作日志等系统运行日志，及时发现系统异常情况"。同时需要注意日志的增长情况，避免大量日志急剧产生导致硬盘空间被占满。

二、软件和数据维护

在系统体系架构中包含应用维护子系统和基础数据资源管理子系统，这两个子系统都是提供给系统管理员使用的。系统中涉及机构、人员、业务、工作流程、工作表单、地图使用等变化需求，需通过应用维护子系统进行配置维护，涉及地理空间框架、单元网格、部件、地理编码等地理空间数据（也称基础数据）变化通过基础数据资源管理子系统进行配置维护。

地理空间数据更新是为了保证数据现势性。不同类型的地理空间数据更新方式和更新周期不同，应根据相关标准要求进行更新。

随着系统的逐步深化应用，管理事项会不断增多，因此，"系统应具备对管理部件和事件类型进行扩展的能力"，这样不需要修改代码就可以让系统能够支撑新增管理事项的运行管理。

三、应急预案

数字城管系统已经成为各级政府实施数字化城市管理模式的基本工具，需要保证系统的持续稳定可靠运行，但仍有可能因为各种原因出现一些问题。为将因系统异常对城市管理工作的影响降至最低，必须制定周全有效的应急预案，并由系统管理员定期组织演练，使得系统出现异常后能在规定时间内恢复正常运行。

应急预案包括"呼叫中心异常、网络异常、数据库服务器异常、应用服务器异常、磁盘阵列异常、平台软件系统异常、应用软件系统异常等情况的处置方案"。该标准规定"应急预案应能在系统出现异常后 8h 内恢复正常运行"。在应急预案中应该对恢复时间做出一个升级的规定，即哪些问题系统管理员可以自行快速处理好，哪些问题应当紧急联系系统集成商、系统开发商或相关厂家来处理，个别情况下解决时间会超出 8 小时。系统出现异常不能在半小时内解决的话采用短信、电话、微信群或 QQ 群等方式告知系统用户（各岗位、监督员和专业部门）异常情况及预计恢复时间，并在系统恢复正常之后，根据用户登录系统的情况通知未上线用户。

系统恢复之后，系统管理员需要登记故障开始和结束时间，对故障期间停止工作流计时处理，避免案件因为故障导致超期。

下面对于几种应急预案展开解读。

（一）停电

需要获知停电原因和供电恢复时间，及时跟踪供电恢复情况，待供电恢复之后加紧启动系统。

需要根据停电时间和 UPS 电源供电时间，及时做好主动关停系统准备，避免因为突然停电导致服务器损坏、磁盘阵列损坏和数据库异常。

（二）呼叫中心异常

呼叫中心出现异常，一般需要第一时间联系厂家予以解决。

（三）网络异常

系统管理员需要判断出网络异常是大面积的还是局部的。

1. 大面积网络异常情况

造成大面积网络异常的原因，可能是光纤被意外挖断，或者是机房网线意外松动，或者出现网络攻击，或者是应用服务器出现异常。

系统管理员应首先判断是应用系统本身停止不能正常工作，还是网络异常导致应用系统不能正常访问。然后根据哪些人不能访问应用系统，以及自己是否能够远程到应用服务器上维护，确定排查方法，制定解决方案。如果不能在半小时内自行处置完毕，就需要联系系统集成商予以解决。

2. 局部网络异常情况

如果只是个别人员无法访问系统，可首先确认该用户是否能访问其他网址，是否更改过 IP 地址，然后通知信息中心或系统集成商解决。

（四）数据库服务器异常、磁盘阵列异常

系统管理员应首先查看数据库日志判断初步原因，并根据数据库是单实例还是集群方式安装，分别尝试重启数据库服务、重启数据库服务器。如还不能解决问题即需联系系统集成商、系统开发商解决。

（五）应用服务器异常、平台软件系统异常、应用软件系统异常

系统管理员首先判断是哪台应用服务器出现异常。如果是负载均衡方式，则可以尝试将有问题的应用服务器节点从负载均衡配置中去掉，让系统恢复正常访问之后再进一步分析故障节点出现异常的原因进行相应解决。解决办法包括重启应用中间件服务、应用服务器两种方式。如果不能在半小时内自行处置完毕，就需联系系统开发商解决。

编 后 记

本书用以上 10 章的篇幅回顾了数字城管标准研究编制进程，逐一解读了数字城管现行 9 项标准，展望了数字城管标准化前景。期望能呈现给读者一个较为完整的数字城管标准化实践场景，引起对各项标准内容理解和贯彻执行的高度重视，进而推动数字城管在全国更加深入健康的发展。

鉴于参与编写的各位作者对标准理解的程度和实践基础不同，尽管多次进行讨论、协调和修改，各章内容仍然存在参差不齐的现象，疏漏和不足之处也在所难免，敬请读者指正。